I0040502

CRISTIAN PALUSCI

BITCOIN FACILE

Come Investire In Bitcoin In Maniera Efficace e Guadagnare Nel Mercato Delle Valute Digitali Anche Se Non Sai Da Dove Iniziare

Titolo

"BITCOIN FACILE"

Autore

Cristian Palusci

Editore

Bruno Editore

Sito internet

http://www.brunoeditore.it

Tutti i diritti sono riservati a norma di legge. Nessuna parte di questo libro può essere riprodotta con alcun mezzo senza l'autorizzazione scritta dell'Autore e dell'Editore. È espressamente vietato trasmettere ad altri il presente libro, né in formato cartaceo né elettronico, né per denaro né a titolo gratuito. Le strategie riportate in questo libro sono frutto di anni di studi e specializzazioni, quindi non è garantito il raggiungimento dei medesimi risultati di crescita personale o professionale. Il lettore si assume piena responsabilità delle proprie scelte, consapevole dei rischi connessi a qualsiasi forma di esercizio. Il libro ha esclusivamente scopo formativo.

Sommario

Introduzione

Quando ho deciso di aprire il Blog "Bitcoin Facile" nel 2017 la blockchain e le criptovalute erano ancora un argomento di nicchia, considerato dalla maggioranza delle persone un settore per *nerd* o speculatori e mai avrei pensato di raggiungere la visibilità odierna.

Oggi, infatti, l'*appeal* internazionale del bitcoin ha fatto sì che parole come blockchain e valute digitali siano spesso *trend topic* nei mass media e nei social network e questa nuova percezione ha segnato senza dubbio un cambio di passo anche nella mia crescita personale e professionale.

Negli ultimi anni ho avuto modo di conoscere persone fantastiche e di instaurare brillanti collaborazioni, di cui vado particolarmente fiero.

Oggi progetti come il "Magazine Bitcoin Facile", la prima rivista di settore in Italia pubblicata con la Bruno Editore, è una solida realtà per tutti gli appassionati e investitori.

Inoltre da giugno 2019 collaboro con "Cointelegraph Italia", la più grande e prestigiosa testata giornalistica del settore, da cui sono stato annoverato uno dei "migliori esperti italiani di blockchain e criptovalute" e tutto ciò mi riempie d'orgoglio https://it.cointelegraph.com/esperti.

Da studioso e divulgatore di tecnologia blockchain e valute digitali credo fortemente che il modo migliore per favorire l'adozione di massa di questi nuovi strumenti innovativi sia quello di aumentare il grado di conoscenza e consapevolezza delle persone e questo traguardo può essere raggiunto solo con la produzione costante di nuovi contenuti.

Come per tutte le innovazioni epocali, il grafico della curva di adozione ci restituisce inizialmente una lunga fase in cui la tecnologia stessa viene scoperta e sviluppata da specifici settori di nicchia, i cosiddetti *innovatori o pionieri*, che contribuiranno alla diffusione della stessa e all'aumento esponenziale della penetrazione nei vari settori della società e del mercato.

Penetration of
Target Market

10%   Laggards

40%   Late majority

40%   Early majority

10%   Early adopters
2.5%   Innovators

Time

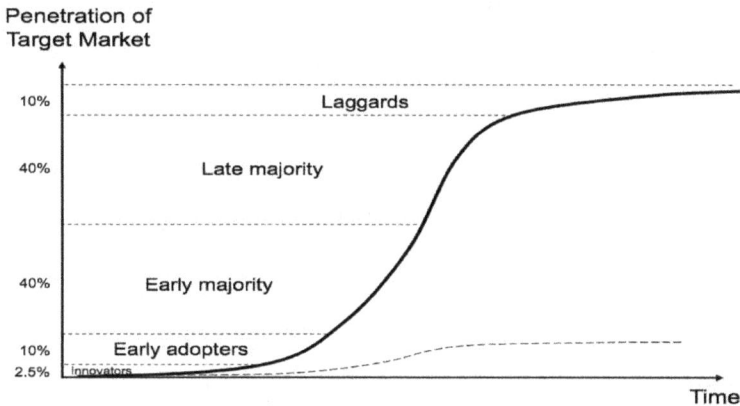

Ricordo ancora quando a marzo 2015, curiosando tra i vari forum e blog relativi alle tematiche di sicurezza informatica e *cyber defence* (il mio *core business* dell'epoca), mi sono imbattuto in un interessante articolo di approfondimento sulla blockchain e una delle sue applicazioni più riuscite: il bitcoin.

L'aspetto che mi ha colpito immediatamente è stato quello relativo alla capacità di questa nuova tecnologia di rivoluzionare completamente i concetti di condivisione, trasparenza e immutabilità delle informazioni, grazie alla decentralizzazione.

Sono stato immediatamente affascinato da questa visione, tanto che ho deciso di intraprendere un percorso di studio autonomo al fine

7

di comprendere meglio quella che aveva tutte le caratteristiche di una nuova tecnologia "rivoluzionaria", al pari di internet alla fine del secolo scorso.

Più mi addentravo nei meandri della blockchain e del bitcoin e più ne ero entusiasmato.

A novembre del 2015 decisi di acquistare i miei primi bitcoin, dopo che in soli due mesi (da settembre) la moneta era passata dai 200 ai 400 dollari, realizzando così un secco +100%. Numeri da fantascienza nei mercati finanziari tradizionali.

In questa sede comunque non voglio concentrarmi solo sull'aspetto speculativo del bitcoin, che è solo una delle tante prospettive, come scopriremo nel corso del libro.

Satoshi Nakamoto, lo pseudonimo dello sviluppatore (o del team di sviluppatori) che ha realizzato il Bitcoin core (la blockchain del bitcoin), ha sviluppato il network con il chiaro intento di creare una sorta di economia parallela, dove gli utenti possono gestire la propria ricchezza senza dover ricorrere al sistema finanziario e bancario.

Anche se questi concetti possono sembrare utopistici, nel corso del libro affronteremo tutti gli argomenti relativi alla blockchain e alle valute digitali in modo semplice e comprensibile, in modo che risultino lineari ed empirici.

Come ho già detto in precedenza, ritengo che il compito principale degli "early adopter" sia quello di favorire il percorso di consapevolezza delle persone, in modo che si avvicinino naturalmente a questa nuova tecnologia che, come ci ricorda il rapporto del Parlamento europeo pubblicato a luglio 2018 *Valute virtuali e politica monetaria delle banche centrali: le prossime sfide*, in un futuro non troppo lontano giocherà un ruolo di primo piano.

Gli autori, infatti, scrivevano: "Crediamo, la cosa piaccia o meno, che le valute digitali rimarranno un elemento permanente dell'architettura finanziaria e monetaria globale per gli anni a venire". A fronte di una tale affermazione, proveniente da una delle istituzioni simbolo dell'Unione europea, non possiamo più permetterci di ignorare il fenomeno delle criptovalute.

Chiudo con un ringraziamento particolare a Giacomo Bruno, una delle persone più brillanti mai conosciute, che ha sempre sostenuto tutte le mie iniziative editoriali e senza il quale, probabilmente, non sarei qui a scrivere questo libro.

Capitolo 1:
La rivoluzione della blockchain

Per comprendere la blockchain dobbiamo riferirci a dei concetti che solitamente non hanno ambiti applicativi in comune: la *fiducia*, la *trasparenza*, la *crittografia*, l'*inalterabilità* dei dati e delle informazioni e la *decentralizzazione*.

Tutte queste caratteristiche danno vita a una nuova tecnologia efficiente e complessa.

Per alcuni la blockchain è una sorta di internet 2.0, una declinazione digitale di un nuovo concetto di comunità che possa rappresentare l'internet del valore.

Per queste ragioni molti ritengono che la blockchain presto possa assumere una valenza "politica", come piattaforma che concretizzi una nuova forma di democrazia, realmente decentralizzata e che consenta a tutti l'opportunità di verifica e di controllo,

CRISTIAN PALUSCI – BITCOIN FACILE

raggiungendo così una situazione di vera e completa trasparenza, attraverso degli archivi condivisi, inalterabili e dunque "incorruttibili".

Per molto tempo la blockchain è stata identificata con il bitcoin, ovvero con il *network* che sta alla base della moneta (Bitcoin core). Per questo motivo la blockchain viene spesso associata al concetto di *digital currency* (moneta digitale) e di transazione.

In realtà, come vedremo, questa tecnologia innovativa ha un ruolo fondamentale sia nella struttura delle valute digitali, sia come piattaforma per la gestione e lo scambio di informazioni e dati, anche in settori completamente differenti da quelli finanziari.

Esistono diverse declinazioni di blockchain in funzione del suo utilizzo, che ne evidenziano le varie caratteristiche:

- Sicura: intesa come un database condiviso, decentralizzato e crittografato, con delle specifiche regole di sicurezza.

- Basata sul consenso: intesa come un archivio aperto a tutti i partecipanti, che può essere modificato solo con il consenso di una maggioranza qualificata.
- Immutabile: la blockchain come *database* che garantisce l'assoluta integrità e incorruttibilità di tutti i dati contenuti al suo interno.
- Trasparente: la blockchain è pubblica e trasparente, in modo che tutti i partecipanti abbiano accesso alle informazioni.

Dunque la blockchain si può considerare una tecnologia che consente lo sviluppo e la gestione di un grande database distribuito per il controllo delle transazioni (o, più genericamente, delle informazioni) tra più nodi di una rete.

Si tratta di un database strutturato in blocchi collegati tra loro, in modo che ogni transazione avviata sulla rete debba essere validata dalla rete stessa attraverso l'analisi di ogni singolo blocco.

La blockchain, letteralmente catena di blocchi, conterrà al suo interno tutte le informazioni e i dettagli di ogni singola transazione.

Infatti i nodi, che controllano e approvano le transazioni, rappresentano gli archivi decentralizzati di tutta la blockchain e dunque di tutti i blocchi con le varie transazioni; in sostanza uno storico di ciascuna transazione modificabile solo con l'approvazione degli stessi nodi che compongono il *network*.

Le transazioni dunque non sono modificabili (se non attraverso una riproposizione e una nuova autorizzazione delle stesse da parte di tutta la rete). Da qui il concetto di *immutabilità*.

Distributed ledger (Database distribuito).
Quando si parla di tecnologia blockchain e di valute digitali, si deve far riferimento necessariamente ai distributed ledger. Il ledger è un elemento base della contabilità e corrisponde in italiano al libro mastro.

Tutte le informazioni sono tradizionalmente conservate negli archivi, così da essere facilmente reperibili ogni volta che si riveli necessario.

14

Gli archivi tradizionali hanno subìto un primo importante miglioramento quando si è passati dalla carta al "digitale", ma non si può parlare di un'evoluzione dal momento che la filosofia di base è rimasta la stessa degli archivi cartacei: le informazioni sono immagazzinate in specifici server sotto il controllo di un'autorità centrale.

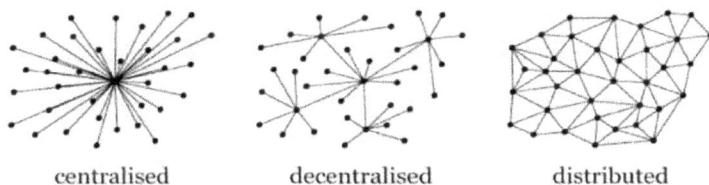

centralised   decentralised   distributed

La vera evoluzione è arrivata con la tecnologia blockchain, che ha portato con sé i cosiddetti distributed ledger o database distribuiti. Non esiste più un solo server centrale, ma una rete di dispositivi interconnessi che condividono le informazioni e che, al tempo stesso, hanno il potere di validarle senza dover sottostare al controllo di un'autorità centrale.

I distributed ledger sono gestiti dall'intera rete, dove ciascun partecipante costituisce un nodo. Ogni nodo o utente della catena è indipendente, ma al tempo stesso è collegato agli altri e ha bisogno di altri nodi per poter eseguire delle operazioni valide.

In questa nuova ottica non esiste più un'autorità che possa prendere decisioni a proprio piacimento, perché è la rete che stabilisce le operazioni valide.

Nella tecnologia blockchain, inoltre, tutti sono importanti ma nessuno è indispensabile: se un dispositivo non funziona più correttamente o viene attaccato da malintenzionati, la catena di nodi non ne risente ed è in grado di aggirare l'ostacolo, tagliando fuori il nodo compromesso e garantendo così l'integrità del sistema.

Alla base di questo sistema vi è la cosiddetta *regola del consenso*, secondo la quale i distributed ledger possono essere aggiornati solo dopo che l'operazione ha ottenuto l'approvazione da un numero sufficiente di nodi del network. Ricordiamo che le operazioni effettuate non sono reversibili, pertanto non è possibile cambiarle in alcun modo.

A garanzia dell'immutabilità delle varie operazioni abbiamo la *marca temporale*, che assegna a un documento informatico un orario e una data legalmente verificati. Questo è un aspetto fondamentale della tecnologia blockchain e un evidente punto di forza di tutto il sistema di nodi.

Database per transazioni crittografate.
La blockchain è un grande database per la gestione e l'archivio di *asset* e transazioni crittografate su una rete decentralizzata di tipo *peer-to-peer*, che in sostanza sta facendo con le transazioni quello che internet ha fatto con le informazioni.

La blockchain dunque sta facendo con le transazioni quello che internet ha fatto con le informazioni, grazie a un processo che unisce sistemi distribuiti e crittografia avanzata.

È un registro pubblico per la gestione di dati correlati alle transazioni presenti nei blocchi e gestite tramite crittografia dai partecipanti alla rete, che verificano, approvano e successivamente registrano su ogni nodo tutti i blocchi con i dati di ciascuna transazione.

La blockchain dunque è un nuovo modello per la gestione delle informazioni, che garantisce l'integrità delle stesse attraverso la certificazione dello storico di tutti i dati e delle operazioni relative a ogni singola transazione.

Sono tante le tipologie di transazioni che possono essere gestite attraverso una blockchain, come il semplice trasferimento di denaro in cambio di beni e servizi o la gestione di informazioni legate alla contrattualistica (*Smart Contract*).

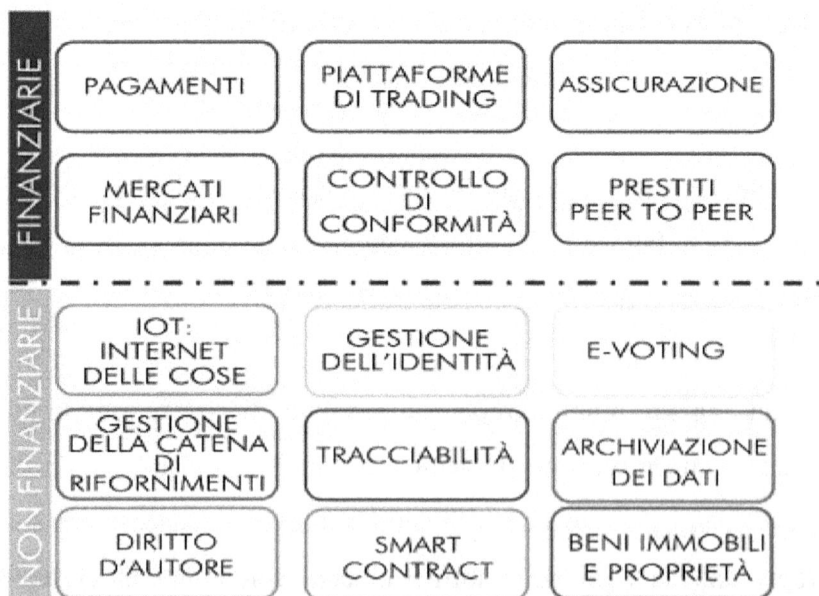

FINANZIARIE	PAGAMENTI	PIATTAFORME DI TRADING	ASSICURAZIONE
	MERCATI FINANZIARI	CONTROLLO DI CONFORMITÀ	PRESTITI PEER TO PEER

NON FINANZIARIE	IOT: INTERNET DELLE COSE	GESTIONE DELL'IDENTITÀ	E-VOTING
	GESTIONE DELLA CATENA DI RIFORNIMENTI	TRACCIABILITÀ	ARCHIVIAZIONE DEI DATI
	DIRITTO D'AUTORE	SMART CONTRACT	BENI IMMOBILI E PROPRIETÀ

Da cosa è composta una blockchain?

Abbiamo visto come la blockchain sia un protocollo di comunicazione basato sulla logica del database distribuito (dove i dati non sono memorizzati su un server centrale ma su più dispositivi collegati tra loro chiamati nodi), composto da una serie di blocchi che archiviano un insieme di transazioni validate e correlate da una marca temporale (timestamp).

Ogni blocco includerà il proprio *hash* e quello del blocco precedente (la funzione di *hash* è un algoritmo matematico che mappa dei dati di lunghezza arbitraria in una stringa di dimensione fissa chiamata *valore di hash*) e questo consentirà di identificare i vari blocchi univocamente e di collegarli tra di loro, appunto in una "catena di blocchi".

Il concetto può sembrare estremamente complesso ma in realtà si traduce in pochi e semplici passaggi.

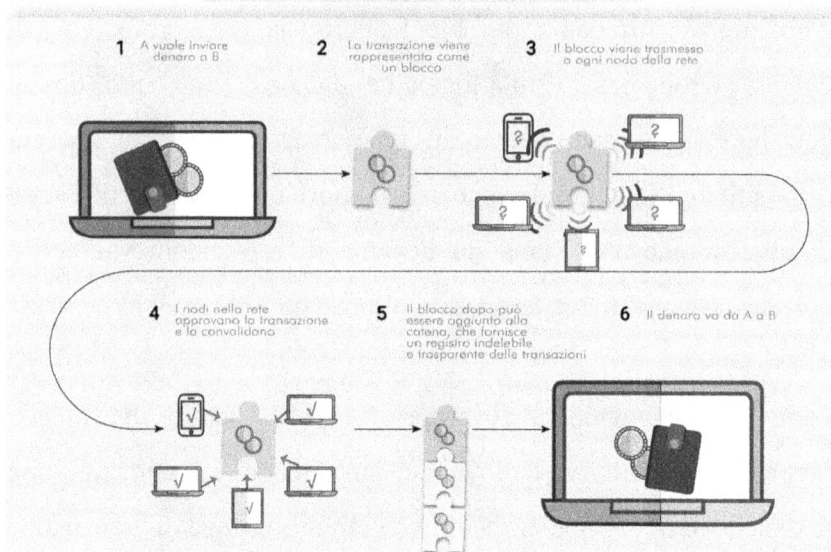

COME FUNZIONA UNA BLOCKCHAIN

Analizziamo dunque le componenti principali di una blockchain:

- *nodi*: sono i membri della blockchain, costituiti fisicamente dai *server* di ogni singolo partecipante;
- *transazioni*: sono i dati oggetto dello scambio che devono essere verificati, approvati e archiviati;
- *blocco*: è rappresentato dall'insieme di transazioni che sono raccolte, approvate e archiviate dai nodi;
- *ledger*: è il registro pubblico nel quale vengono registrate tutte le transazioni. Il ledger è costituito dall'insieme dei

blocchi uniti tra loro tramite una funzione di crittografia e l'uso della funzione di hash;

- *hash*: è un'operazione (irreversibile) che permette di convertire una stringa alfanumerica di lunghezza variabile in una stringa univoca di lunghezza determinata. L'*hash* dunque identifica in modo univoco e sicuro ciascun blocco.

Ciascun blocco contiene diverse transazioni e dispone di un codice *hash* univoco con tutte le informazioni relative al blocco stesso e al precedente, in modo da legarli indissolubilmente all'interno della blockchain.

La blockchain è da intendere dunque come un registro pubblico costituito da una serie di nodi, organizzata per aggiornarsi automaticamente su ciascuno dei *client* che partecipano al network.

Ogni operazione effettuata infatti deve essere confermata automaticamente da tutti i singoli nodi attraverso *software* di crittografia che verificano un pacchetto di dati "a chiave privata", a garanzia dell'identità digitale di chi le ha autorizzate.

Vediamo adesso schematicamente cos'è un database distribuito e come i dati sono raccolti e archiviati all'interno della blockchain.

Analizziamo singolarmente le varie componenti:
- singola transazione

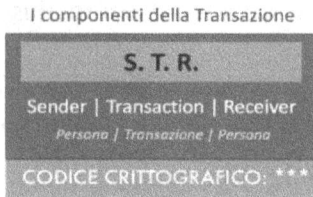

- il blocco, un insieme di più transazioni

- dall'unione di più blocchi, si costituisce la blockchain

Blockchain

Il grande cambiamento.

In precedenza, abbiamo analizzato il concetto di database distribuito (distributed ledger) e visto come la blockchain ci garantisce la stessa funzionalità nella gestione dei database ma senza dover fare riferimento a una struttura centralizzata, senza cioè che un'autorità centrale verifichi, controlli e autorizzi la legittimità di una transazione o di uno scambio. Tutto questo grazie alla blockchain e alla decentralizzazione del ledger.

Se prima il libro mastro era univoco e in capo all'autorità centrale, adesso è di tutti, infatti ogni utente ne avrà una copia.

Il secondo grande passaggio è che tutti possono effettuare una transazione o inserire dei dati all'interno del network, ma questa richiesta sarà autorizzata solo se i membri della blockchain concorderanno sulla sua legittimità.

Ma come avviene questo controllo? Possibile che tutti i partecipanti debbano effettuare controlli personali su ciascuna transazione? Ovviamente no.

Con la blockchain questi controlli vengono eseguiti in modo affidabile e automatico per conto di ciascun utente. Infatti, ogni operazione come abbiamo visto contribuisce a creare un sistema di ledger rapido e sicuro che, per il fatto di essere distribuito presso tutti i partecipanti, è anche in grado di resistere a eventuali manomissioni.

Ma torniamo alle transazioni. Ogni nuova transazione da registrare viene unita ad altre nuove transazioni e va a formare un blocco, che viene aggiunto come anello di una lunga "catena" di transazioni cronologiche.

Ogni volta che si genera un blocco si allunga la catena, che andrà a comporre il grande libro mastro blockchain in possesso di ogni singolo nodo.

Per far sì che un nuovo blocco di transazioni sia inserito all'interno della blockchain, è necessario che quest'ultimo sia controllato, validato e crittografato.

Infatti, la formazione di nuovo blocco vorrà che venga risolto un complesso problema matematico, che richiede un notevole sforzo anche e soprattutto in termini di potenza di calcolo.

Questa operazione è definita *mining* ed è alla base del funzionamento dell'algoritmo del consenso attualmente più utilizzato, la Proof of work o Pof, che approfondiremo nel capitolo successivo.

Quello del *miner* è un ruolo delicato e assolutamente decisivo e, in relazione al fatto che si parli di una blockchain privata o pubblica, questo ruolo potrà essere ricoperto rispettivamente dall'autorità che attiva la blockchain o da qualsiasi partecipante nel caso di blockchain pubblica.

Solitamente un *miner* viene ricompensato con la somma delle commissioni per le transazioni validate. Le commissioni fanno riferimento a valori unitari per ogni singola transazione, ma i blocchi vengono aggiunti regolarmente e possono contenere migliaia di transazioni, dunque il valore di queste commissioni può essere davvero significativo.

Così in seguito alla risoluzione del complesso problema matematico di cui sopra, il blocco di transazioni sarà aggiunto alla blockchain.

Ovviamente, come già spiegato in precedenza, se durante il processo di verifica dovesse emergere un'anomalia, il blocco sarebbe rifiutato e tutti i partecipanti della blockchain saprebbero che la/le transazioni non sono state autorizzate.

Mentre se tutte le transazioni saranno validate, il blocco entrerà nella blockchain come un *record* pubblico, definitivo e immutabile, che nessun partecipante al network potrà modificare o rimuovere.

Dai database ai database distribuiti.

Questo è un concetto fondamentale da tenere a mente, poiché ci descrive perfettamente l'immenso valore di questa tecnologia relativamente alla sicurezza dei dati.

Contrariamente a un *central* ledger *(*database centralizzato*)*, che può essere modificato o danneggiato violando l'autorità centrale (server) che lo gestisce, la blockchain ci garantisce la massima affidabilità grazie al concetto di immutabilità (infatti si dovrebbero violare tutte le copie del libro mastro possedute dai nodi e occorrerebbe farlo simultaneamente).

Un'operazione che è praticamente impossibile ad esempio in un network come quello del bitcoin, anche se ovviamente occorre valutare sempre la dimensione della blockchain in termini di partecipanti, ovvero di nodi.

Ed ecco che arriviamo a un altro concetto fondamentale: la fiducia. La fiducia e il controllo delle transazioni passano dall'autorità centrale a tutti i partecipanti. Le transazioni basate sulla tecnologia blockchain sono dunque decentralizzate e trasparenti.

In questo caso la blockchain è di tipo pubblico o *permissionless*, cioè "senza autorizzazioni", e non esiste nessuna autorità speciale che possa negare l'autorizzazione a partecipare al controllo e all'aggiunta di transazioni.

Le blockchain che invece necessitano di autorizzazioni sono definite private o *permissioned* e rispondono a delle *policy* che attribuiscono a uno specifico gruppo di operatori la gestione e l'autorità nel definire gli accessi, i controlli, le autorizzazioni e soprattutto la possibilità di aggiungere dati sul libro mastro.

Le blockchain permissioned possono unire i valori di trasparenza, di immutabilità e di sicurezza tipici della tecnologia, garantendo però a determinati soggetti come banche, imprese e pubbliche amministrazioni la possibilità di un controllo, anche rilevante e sostanziale, sulle modalità di gestione delle informazioni.

Analizziamo meglio questo aspetto. Alla base dei Dlt (Distributed Ledger Technology) ci sono due fattori importanti: la crittografia e gli algoritmi di controllo dei dati.

Inoltre abbiamo dei grandi network costituiti da tutti i partecipanti chiamati a gestire un nodo di questa rete e ciascun nodo è autorizzato ad aggiornare i Dlt in modo indipendente ma sotto il controllo degli altri nodi.

E qui arriviamo a un altro concetto fondamentale, quello del consenso. I distributed ledger saranno aggiornati solo dopo che avranno ottenuto il consenso dei vari nodi del network, in modo che ognuno disponga dell'ultima versione aggiornata.

Ogni partecipante dunque avrà a disposizione una copia, non modificabile, di ciascuna operazione.

È chiaro come i Dlt non possano più essere semplicemente definiti come dei database o degli archivi, poiché siamo di fronte a una tecnologia che rivoluziona il rapporto tra persone e informazioni.

La sicurezza nella blockchain: il consenso.

Come abbiamo visto in precedenza la concezione stessa della blockchain fa sì che il suo funzionamento non sia garantito da un'entità centrale, ma ogni singola operazione è validata grazie all'interazione di tutti i nodi.

Per mezzo della marca temporale tutte le transazioni all'interno della rete saranno sicure e definitive e, una volta eseguite, non potranno più essere annullate o modificate.

La marca temporale è un servizio che permette di assegnare una data e un orario certi e legalmente validi a un documento informatico, consentendo quindi di associare una validazione temporale opponibile a terzi.

La pratica dell'applicazione della marca temporale è detta *timestamping*.

Il processo di validazione all'interno della blockchain prevede una fase di approvazione e verifica basata su risorse di calcolo messe a disposizione dai partecipanti e che sono finalizzate alla risoluzione di problemi complessi, nella forma di *puzzle* crittografici.

Nel caso di *proof of work* dunque saranno i *miners* a occuparsi di questi processi e il loro intervento viene remunerato attraverso l'emissione di una moneta digitale o criptovaluta *(cryptocurrency)*.

Questo permette di avere un consenso distribuito e non più basato su un intermediario, come un ente o un'istituzione centralizzata.

La logica alla base di questo discorso è quella di creare ostacoli e complicazioni in tutto il processo di validazione, per evitare che ci siano frodi da parte di un nodo del network.

Infatti, ogni nodo che intende partecipare al processo di validazione deve risolvere il puzzle crittografico in questione, che è concepito proprio per mettere in competizione tra loro i vari nodi, cosicché tutti contribuiscano alla risoluzione dello stesso mettendo a disposizione la propria potenza di calcolo.

Il nodo che riuscirà a risolvere il puzzle crittografico avrà il diritto di validare il blocco con la presentazione della *proof of work* che è anche la prova della soluzione del puzzle e, per questo risultato, il nodo verrà appunto remunerato con delle unità di valore dipendenti dal tipo di blockchain.

L'identità dei nodi non è pubblica, dunque la *proof of work* è il modo per costruire e mantenere il rapporto di fiducia basato sulla concreta collaborazione alla soluzione dei vari *puzzle* crittografici.

Le valute digitali, il bitcoin e il double spending.
In passato ci sono stati vari progetti e sviluppi di valute digitali (*digital currencies*), ancor prima dell'avvento della blockchain e del *white paper* di Satoshi Nakamoto. (1)

(1) È lo pseudonimo dell'inventore della criptovaluta bitcoin (codice: BTC o XBT). Il termine "Bitcoin" con l'iniziale maiuscola fa riferimento anche al software open source, progettato per implementare il protocollo di comunicazione e la rete peer-to-peer che ne risulta.

Tutti questi progetti però non sono riusciti a risolvere la problematica del *double spending*. Il digitale, infatti, è intrinsecamente duplicabile all'infinito nella stessa identica forma, a fronte di costi non significativi.

Il digitale ha rappresentato una vera e propria rivoluzione nel settore economico e industriale, anche se ha posto varie problematiche che non sono state ancora definitivamente risolte, quali appunto la garanzia che un determinato bene non sia duplicabile al di fuori di determinate regole etiche e legali, a tutela della proprietà intellettuale e del copyright.

Si intuisce facilmente come applicando questo concetto a una moneta, ovvero se si ha la possibilità di pagare più volte diversi beni e servizi con la stessa moneta duplicandola, si compromette alla radice qualsiasi rapporto commerciale.

La risoluzione del double spending, ovvero la capacità di impedire che una moneta possa essere utilizzata due volte dalla stessa persona per acquistare due differenti beni o servizi, è uno dei punti fondamentali alla base del bitcoin. La soluzione consiste nell'assegnare un'identità alla moneta.

La crittografia che caratterizza il network bitcoin (Bitcoin core), permette di gestire l'identità della criptovaluta con uno specifico codice ID che ne racchiude tutta la "storia".

Se Marco acquista da Paolo un bene con la moneta 1 (ID: 43895), tutti i nodi della blockchain saranno informati di questa transazione, che sarà anche impressa nello storico della moneta stessa.

La stessa moneta 1, poi, si arricchirà di informazioni nel momento in cui Paolo la userà a sua volta per un'altra transazione e così sarà per tutti i passaggi successivi.

Marco dopo la prima transazione non potrà più disporre della moneta 1 (ID: 43895) e non potrà disporre nemmeno di una copia di quella moneta digitale.

È come se le nostre banconote potessero raccontare tutta la storia delle transazioni che hanno reso possibili.

Il bitcoin si è dunque dimostrato come il metodo di pagamento più tracciabile e sicuro che ci sia, ed è davvero curioso come le più feroci critiche che spesso sentiamo rivolgere alla criptovaluta dai *mass media* tendano invece a considerare questa tecnologia come un ricettacolo per pagamenti o finanziamenti illegali.

Il problema, in realtà, consiste solo nel determinare la reale identità e identificare in maniera univoca i vari partecipanti alla blockchain, attraverso l'acquisizione dei dati che ne definiscano l'identità.

Ma cosa succede se sono i nodi del network a tentare il double spending?

Immaginiamo che un nodo tenti subdolamente di alterare lo storico delle transazioni inserendone una falsa (teoricamente possibile) determinando così un problema relativo alla proprietà della moneta scambiata e, di conseguenza, un evento di doppia spesa.

Per capire quanto sia remota quest'eventualità, analizziamo nel dettaglio tutti i passaggi di una transazione sulla blockchain bitcoin.

Lo scambio di criptovaluta si basa sulla verifica delle transazioni eseguite in precedenza, fino al momento della transazione che determina il passaggio del bene che ci interessa.

La prova del passaggio di proprietà della criptovaluta è data dalla firma digitale da parte dell'ultimo proprietario che ha scambiato appunto le sue criptovalute con l'ultima transazione.

Questo passaggio viene formalizzato attraverso un servizio di timestamp (marcatura temporale) che comprime il blocco, contestualmente al passaggio di proprietà del bene "pagato" con la criptovaluta, e lo pubblica.

Ogni timestamp a sua volta include il precedente nel proprio *hash*, formando una catena (la blockchain) che è poi pubblica e condivisa.

A questo punto è lampante come diventi estremamente complesso alterare tutte le componenti di una transazione, ovvero creare le condizioni perché si verifichi una situazione di double spending.

Adesso proviamo a traslare questo concetto dall'ambito delle criptovalute a quello dei beni e *commodities*.

Immaginiamo ad esempio una mela che possa raccontare tutta la sua storia, dal momento in cui viene colta fino a quello in cui arriva sul tavolo del ristorante o nello scaffale del supermercato.

Come abbiamo avuto modo di spiegare nei paragrafi precedenti, tutti i partecipanti della blockchain potranno vedere la storia della nostra mela: infatti una volta che sarà approvata, diverrà immutabile e accessibile a tutti.

Credo basti questo concetto da solo per affermare convinti che siamo di fronte a una tecnologia che ci consegna un nuovo modello, un cambiamento radicale e rivoluzionario nel modo in cui intendiamo i concetti di identità, accesso e condivisione delle informazioni.

La blockchain infatti non risolve solo la problematica del double spending, ma anche quella relativa alla certificazione.

Cosa sono i tokens.
Un *token* è un *asset* digitale basato su una blockchain che può essere scambiato senza l'azione di un intermediario. In sostanza un

insieme di informazioni digitali che assegnano un diritto di proprietà sull'insieme stesso dei dati che sono registrati e trasferibili su un network.

Uno dei primi esempi di token è rappresentato dal bitcoin, ma nel corso degli anni il settore si è arricchito di numerose valute digitali, alcune basate sul modello bitcoin e altre con obiettivi diversi, come ad esempio l'implementazione di smart contracts.

Esistono 3 tipi di *token* al momento, che si distinguono per tipo di tecnologia utilizzata e per le modalità di gestione dei diritti connessi al possesso:

- valute digitali, che si configurano come una vera e propria moneta, che può essere trasferita tramite transazione sulla blockchain (bitcoin, litecoin);
- utility token, che sono in grado di conferire ai proprietari dei diritti che possono essere esercitati verso delle controparti, e a loro volta si dividono in:
- *token per smart contract, per la gestione di determinate condizioni stabilite a livello contrattuale e che il token è chiamato a gestire in maniera automatica:*

- *token per la gestione di prestazione di servizi, con cui il titolare vanta il diritto di ricevere un determinato bene o servizio dal soggetto emittente;*
- security token, che rappresentano i diritti di una proprietà che allo stesso tempo conferiscono anche privilegi diversi, come ad esempio, nel caso dei soci di un'azienda, il diritto di voto o di tipo economico. Sono da considerare al pari di una partecipazione azionaria e nei prossimi anni sono certo che vedremo moltissimi use cases di security token.

Va precisato che non esiste ancora un quadro normativo di riferimento e nei vari paesi sono in corso analisi e studi per definire la regolamentazione da applicare al settore, in conformità alle norme in materia di privacy, protezione dell'investitore o consumatore, antiriciclaggio e identità (Kyc).

Un grande passo in avanti in tal senso è stato compiuto dall'Unione europea, che con la Direttiva 843/2018 ha di fatto imposto ai vari Stati membri l'obbligo di regolamentare il settore delle valute digitali entro il 2020.

Utility token vs Security token.

Oggi gli utility token sono molto popolari, grazie all'enorme crescita di blockchain startup nell'ultimo anno.

Queste startup hanno raccolto fondi attraverso le cosiddette Ico (*Initial Coin Offering*), creando i propri token (nella maggior parte dei casi token ERC20 su Blockchain Ethereum) e rivendendoli al pubblico appunto in cambio di Ethereum.

Tuttavia, questi token sono nati con uno scopo che va oltre la semplice raccolta fondi.

Gli utility token sono risorse digitali progettate per essere spese all'interno di un ecosistema blockchain specifico o utilizzate per creare schemi di incentivi unici che consentano alle persone di compiere determinate azioni (l'exchange Binance ad esempio utilizza il suo token Bnb per ridurre del 25% le commissioni derivanti dal trading sulla stessa piattaforma ai possessori del token).

I security token invece sono un'invenzione più recente nel panorama *crypto* e sono considerati da molti la chiave di volta per favorire l'adozione di massa delle criptovalute, vista la loro utilità nella tokenizzazione di asset digitali e non, che li rende utilizzabili in quasi ogni settore o applicazione.

Un security token è essenzialmente un contratto di investimento che rappresenta la proprietà legale di un bene fisico o digitale che è stato verificato sulla blockchain.

Gli investitori possono scambiare moneta fiat o criptovalute in cambio di security token attraverso uno smart contract.

Il vero valore dei security token risiede nella loro capacità di cambiare completamente il modo in cui definiamo la proprietà di determinati asset, che magari sono stati tradizionalmente disponibili solo a quegli investitori che vivono nei Paesi più sviluppati: infatti oggi grazie ai security token questi asset saranno accessibili alle persone in tutto il mondo, che potranno possederne anche solo delle frazioni e raccoglierne i dividendi.

Se pensiamo a tutti gli asset fisici e digitali di valore (equity aziendali, brand) e a come questi asset possano essere tokenizzati e venduti come *securities* in una blockchain, vediamo come il margine di crescita per questa tipologia di token sia potenzialmente illimitato.

Mi rendo conto che questi concetti siano piuttosto complessi per un neofita, ma è importante comprendere la portata rivoluzionaria che questa tecnologia avrà nei prossimi anni all'interno del sistema economico e finanziario e della società.

	Utility Tokens	Security Tokens
essenza	Uno strumento per guidare il comportamento umano utilizzando incentivi all'interno dell'ecosistema	Un contratto d'investimento che rappresenta proprietà legale di un asset fisico o digitale, che è stato verificato sulla blockchain
connessione tra token e azienda	Il Valore del token non ha necessariamente una connessione diretta al successo o al valore dell'azienda	Il token rappresenta la vera proprietà dell'azienda ed è direttamente correlato alla crescita aziendale come un titolo azionario
possibilità di truffa	Molti truffatori sfruttano questa opportunità per raccogliere fondi e chiudere la società senza realizzare il prodotto che avevamo promesso di sviluppare	Le aziende che rilasciano security tokens devono passare attraverso serrati controlli da parte delle autorità preposte. Questo ovviamente riduce le possibilità che si tratti di una truffa
normative	Ci sono ancora una serie di difficoltà oggettive per regolamentare il settore delle Initial Coin Offering (ICO)	L'azienda e gli investitori devono sottostare alle regole rigide delle autorità di controllo

Cosa sono i "fork".

I *fork* sono degli strumenti utilizzati dal network per migliorare le prestazioni e la gestione della blockchain. Si dividono in:

- soft fork: si realizza un aggiornamento del protocollo compatibile con le versioni precedenti, consentendo la partecipazione alla rete blockchain anche a quei nodi che decidono di non eseguire l'aggiornamento;

- hard fork: aggiornamento del protocollo non compatibile con le versioni precedenti. Tutti i partecipanti alla blockchain dovranno effettuare obbligatoriamente l'*upgrade*. Con un hard fork spesso si crea una nuova criptovaluta.

Gli hard fork a loro volta si possono dividere in *planned* (programmati) o *contentious* (senza il consenso della comunità).

Negli hard fork planned l'upgrade del protocollo è pianificato e approvato dai partecipanti al network, in modo da non produrre lo sdoppiamento della blockchain.

Negli hard fork contentious l'upgrade del protocollo non viene approvato dalla *community*, così si arriva alla scissione della blockchain e alla conseguente creazione di una nuova moneta.

Gli aspetti per cui si decide di agire sul protocollo di una blockchain tendenzialmente sono relativi al miglioramento della prestazione e della *governance* della rete stessa.

Prendiamo il caso del bitcoin, dove il tema della *performance* e della scalabilità è molto sentito dalla community: al netto dei vari hard fork del 2017 (bitcoin cash e bitcoin gold) – che a mio avviso hanno prodotto esclusivamente un accentramento della gestione della blockchain e un indebolimento del concetto di fiducia – gli sviluppatori del Bitcoin core per rispondere alle esigenze della comunità stanno implementando diversi upgrade al protocollo proprio per migliorare la capacità e la gestione della blockchain, tra cui il *Lightning Network* che garantisce l'aumento del numero e della velocità delle transazioni senza sovraccaricare la rete, ma addirittura snellendola.

Smart contract.

In precedenza, abbiamo citato in più occasioni gli smart contract, dunque cerchiamo di spiegare meglio questa nuova forma contrattualistica.

I primi embrioni di smart contract risalgono agli anni '80, quando all'esigenza gestionale di determinati software si rispose con l'implementazione di una chiave digitale che di fatto gestiva l'attivazione e la disattivazione della licenza, in relazione alla durata e ai termini contrattuali.

Lo smart contract fa riferimento a degli standard di esecuzione e di accesso a determinati servizi e, di fatto, si basa sul trasferimento del contratto dall'ambito materiale a quello di un codice informatico, che automaticamente verifica l'adempimento delle clausole contrattuali e si "auto-esegue" nel momento in cui le condizioni determinate tra le parti risultino ottemperate.

In parole povere, l'esecuzione del contratto è demandata a un *computer*.

Una caratteristica fondamentale di uno smart contract deve essere quella dell'estrema precisione delle condizioni contrattuali, che andrà a compensare la mancanza del contributo interpretativo dell'uomo: si dovranno prevedere tutte le situazioni e gli scenari possibili, insieme alle fonti e i dati su cui si fonderà il contratto, in modo che lo smart contract, sulla base di regole precise, determinerà l'esecuzione o la mancata esecuzione dell'accordo.

Questa dunque è la caratteristica principale e, allo stesso tempo, la sostanziale differenza tra un contratto tradizionale e uno smart contract: la certezza di un giudizio oggettivo a opera di un "freddo" algoritmo in luogo della volontà e dell'interpretazione umana.

Ritengo che, alla luce di questi elementi, gli ambiti applicativi dei contratti intelligenti ben si adattino a determinati contesti in cui sono premianti l'estrema precisione e il rigore, mentre siano di difficile implementazione lì dove subentrano esigenze soggettive e interpretative.

Un classico esempio di smart contract è mutuabile dalle compagnie assicurative, le quali premiano l'utente che accetta l'installazione di *device* Iot (*Internet of things*) a bordo della propria vettura; infatti, i dati rilevati sul comportamento del conducente saranno utilizzati per l'attivazione delle successive clausole contrattuali più favorevoli.

Blockchain pubbliche e private.
Riassumendo quanto spiegato nel corso del capitolo, il modello blockchain si basa sulla sinergia tra firma digitale e marca temporale, che ci garantiscono rispettivamente l'identificazione delle parti aventi causa e la validazione delle informazioni che saranno inserite nel registro distribuito ai nodi della rete.

Tutte le operazioni sono confermate attraverso il processo di consenso distribuito detto *mining* (in caso di Pow).

Tra le sue caratteristiche ricordiamo:
- affidabilità: grazie al principio della decentralizzazione basato sul controllo da parte dei partecipanti diretti, la blockchain è un sistema sicuro e affidabile;
- digitalizzazione: in questo modo aumentano notevolmente gli ambiti applicativi della tecnologia;

CRISTIAN PALUSCI – BITCOIN FACILE

- immutabilità: le transazioni sono definitive e tracciabili;

- disintermediazione: grazie alla blockchain viene superato il concetto di intermediazione, tipico delle transazioni convenzionali;

- trasparenza: le transazioni sono immodificabili e visibili a tutti i partecipanti alla blockchain.

A questo punto, per comprendere meglio i settori di applicazione della Distributed ledger technology (Dlt), occorre approfondire i concetti di blockchain pubbliche (permissionless ledger) e private (permissioned ledger).

L'esempio più conosciuto di blockchain pubblica è rappresentato dal bitcoin, concepito proprio per non avere "padroni" e non essere controllato.

L'obiettivo di una blockchain pubblica è quello di consentire a tutti i partecipanti di concorrere all'aggiornamento dei dati sul libro mastro (ledger) e di possedere le copie delle operazioni approvate e validate grazie al mining.

Infatti, una volta che una transazione avrà ottenuto il consenso di tutti i nodi della blockchain sarà aggiunta al ledger e nessuno potrà più modificarla.

Le blockchain pubbliche possono essere utilizzate come database anche in quei contesti dove è richiesta la massima espressione in termini di sicurezza, affidabilità e consenso, come la pubblica amministrazione o la contrattualistica.

Le blockchain private invece possono essere controllate e sono ideali per quei contesti dove è necessario disciplinare l'accesso ai dati.

Quando si aggiunge una nuova informazione, la validazione non è vincolata all'approvazione dei nodi, bensì a un numero limitato di attori di fiducia, che potremmo definire *trusted*.

Questo tipo di blockchain ben si adatta alle realtà aziendali e di impresa, dove ci sono da gestire i rapporti con vari attori che opereranno in maniera indipendente, avendo però un controllo limitato solo sugli aspetti e le informazioni di pertinenza.

In sintesi, si introduce nella blockchain il concetto di *governance*.

Gli ambiti applicativi della blockchain.
La blockchain è una tecnologia che ha la potenzialità di rivoluzionare il mondo, al pari di internet all'inizio del nuovo millennio.

Molto presto potremo inviare qualsiasi dato o transazione in maniera sicura senza l'utilizzo dei servizi di terze parti, eliminando così la catena di intermediazione.

Il lavoro da fare è ancora tanto, ma gli enormi capitali confluiti nel settore negli ultimi anni dimostrano come gli investitori internazionali puntino molto sullo sviluppo di questa nuova tecnologia e sui potenziali ambiti applicativi, che sono innumerevoli. Vediamo qualche esempio.

Blockchain nei pagamenti digitali.
Vi sono tantissime opportunità per l'applicazione della blockchain ai pagamenti digitali e in questi ultimi mesi abbiamo avuto diversi riscontri dal mercato.

In quest'ottica però ci sono ancora dei problemi da risolvere, relativamente alla velocità di elaborazione delle transazioni e più in generale alle *performances* delle rispettive piattaforme, per poi implementare le varie infrastrutture all'interno di un quadro normativo più chiaro; queste sono le prossime sfide della blockchain nel settore dei pagamenti digitali.

Blockchain nell'agroalimentare.
Tracciabilità e trasparenza, caratteristiche principali della blockchain, ben si adattano al settore agroalimentare soprattutto nell'attuale contesto in cui la sensibilità dei consumatori nei confronti della qualità e della provenienza del cibo è in continuo aumento.

Infatti, grazie alla blockchain si potranno creare delle filiere totalmente "trasparenti e sicure", dove le informazioni relative ai vari attori e prodotti saranno interamente consultabili dal consumatore finale.

Blockchain nello Iot (Internet of things).

In un esempio precedente abbiamo già visto come grazie alla blockchain sia possibile agevolare la comunicazione tra due o più oggetti Iot connessi, rendendo lo scambio dei dati più veloce e sicuro.

Anche in questo caso una possibile evoluzione in tal senso porterà a nuove soluzioni di certificazione delle filiere, integrando su blockchain le catene dei rifornimenti (*supply chain*).

Blockchain nella sanità.

La gestione e la condivisione dei dati medici di un soggetto attraverso la blockchain migliorerebbe notevolmente il servizio sanitario, grazie all'accesso immediato e sicuro alla storia clinica del paziente che consentirebbe la somministrazione di cure più efficaci in tempi rapidi.

Blockchain e banche.

Da tempo l'interesse delle banche nei confronti di questa nuova tecnologia è in aumento; infatti ad esempio la Barclays e la USB sono gli ultimi istituti ad aver rilasciato dichiarazioni in merito a un prossimo utilizzo della blockchain nei diversi ambiti operativi di competenza.

Ma già nel 2016 con la nascita del consorzio R3, che vede riunite più di 200 compagnie e istituti finanziari (per l'Italia attualmente hanno aderito il gruppo Unicredit, Intesa San Paolo e Mediolanum), i colossi bancari hanno dimostrato di aver compreso che la rivoluzione ormai è imminente.

Le banche più esposte ovviamente sono quelle commerciali, che soffrirebbero particolarmente la disintermediazione delle transazioni promossa dalla blockchain visto che le commissioni sono tra le loro maggiori fonti di ricavo, mentre le banche di investimento rischiano meno in tal senso.

I consorziati hanno creato la loro piattaforma per transazioni finanziarie chiamata *Corda* e il 10 luglio 2018 è stata rilasciata una nuova versione della blockchain, *Corda Enterprise*, progettata specificatamente per le aziende.

Blockchain nella Pubblica amministrazione.

Molti osservatori si dicono convinti che presto le varie attività di competenza delle pubbliche amministrazioni si potranno gestire attraverso i sistemi di controllo distribuiti della blockchain, applicabili anche all'attività di notariato e alla gestione della proprietà intellettuale.

Un esempio lampante delle potenzialità di questa tecnologia applicata alla P.A. ci viene dall'Estonia dove l'informatica è al centro della vita della popolazione, soprattutto nel rapporto tra Stato e cittadini, grazie all'e-government e alla rivoluzione digitale che permette agli estoni di dichiarare i propri redditi, di firmare elettronicamente decine di documenti e persino di votare dal divano di casa.

La blockchain è la tecnologia che ha permesso questo grande salto di qualità nella vita pubblica.

Blockchain nelle imprese.

Anche le imprese potranno beneficiare dell'impatto positivo della blockchain, già solo se pensiamo alle ricadute positive sull'utilizzo di un database distribuito in luogo dei classici archivi digitali, senza contare la possibilità di integrare su blockchain la catena dei rifornimenti, con tutti i vantaggi che ne derivano (a tal proposito, un colosso del calibro di Amazon ha annunciato di lavorare proprio in questa direzione).

Blockchain: il problema dei Generali bizantini.
C'è un problema nel *computing* che fino a poco tempo fa non aveva soluzione, chiamato "il problema dei Generali bizantini".

Descrive essenzialmente un problema nel processo decisionale in un sistema in cui non è possibile fidarsi dei canali di comunicazione.

Immagina due Generali dell'esercito dell'Impero bizantino che decidono di attaccare una città nemica. Entrambe le unità si avvicinano alla città da lati opposti e si accampano.

I Generali chiaramente devono concordare un momento esatto per sferrare l'attacco, perché la città è in grado di resistere all'urto di una sola unità.

Le truppe attaccanti condividono un messaggero che usano per comunicare tra loro e concordare il momento esatto dell'attacco. Tuttavia, l'unico modo per passare da un campo all'altro è attraversare la città nemica.

Ciò rende il messaggero inaffidabile perché non c'è modo di sapere se il messaggio ricevuto dall'altra armata è autentico (il messaggero potrebbe essere catturato lungo il tragitto e sostituito da un impostore con un falso messaggio).

Dunque, in caso di recapito di un messaggio falso, si avrà l'impressione di aver raggiunto un accordo (il consenso nella blockchain) quando in realtà non è vero.

Il problema che affligge i Generali bizantini è lo stesso che devono affrontare i sistemi di elaborazione distribuiti. Come raggiungere un consenso su una rete distribuita in cui alcuni nodi possono essere difettosi o volontariamente corrotti?

Partiamo dal messaggio stesso, che è stato inviato in testo normale. Questo è un problema perché il testo semplice è facilmente manipolabile. Chiaramente si avrà bisogno di un altro sistema per verificare che il messaggio non sia stato manomesso.

In questo caso ci verrà in aiuto la funzione di hash (che abbiamo già visto in precedenza), una funzione matematica per convertire un messaggio in una stringa alfanumerica casuale ma di lunghezza standard che rappresenta il messaggio originale.

Il *nonce* (number used once) è un numero arbitrario che viene utilizzato una sola volta in un calcolo hash.

Immaginiamo che uno dei due Generali invii il messaggio "Attacchiamo giovedì alle 06:30". Attraverso un computer si calcolerà l'hash e il risultato che avremo sarà qualcosa del genere: 23JH4L5L5K46J6K7J567J3KLJ4KJ5G2J5H.

In questo modo abbiamo crittografato il messaggio. Se si vuole aggiungere il nonce a esso, basterà inserire il nonce nella stringa e si procederà nuovamente con l'hashing.

Il generale nell'altro accampamento avrà un input parziale, noto come "hash target" che cercherà nella versione hash del messaggio che ha ricevuto, per verificarne l'autenticità.

Se l'hash target sarà contenuto nella stringa hash del messaggio, allora si avrà la conferma dell'autenticità del messaggio.

Per effettuare questa procedura occorrerà molto tempo e potenza di calcolo, infatti non esiste un modo rapido ed efficiente per individuare il nonce se non provare tutte le combinazioni possibili finché il messaggio +nonce conterrà l'hash target. Questo concetto è chiamato *proof of work.*

Detto ciò, se il nemico dovesse intercettare il messaggio, per modificarlo dovrebbe ricalcolare il nonce. E nel caso la città nemica abbia questa potenza di calcolo disponibile? Cos'altro si potrà fare?

Immaginiamo ora che al posto delle due armate su ciascun lato abbiamo diverse unità su entrambi i lati. I Generali di un versante combineranno i messaggi delle loro unità in un "blocco" e combineranno anche tutta la loro potenza di calcolo per ottenere un nonce per questo blocco.

Inoltre renderanno l'hash target più lungo, così da aumentare il tempo necessario a calcolare il nonce. In questo modo per la città nemica sarà impossibile superare la capacità di calcolo combinata delle varie armate per risolvere il problema matematico. Più persone usano il sistema, più questo diventa sicuro.

Il potere è nei numeri.

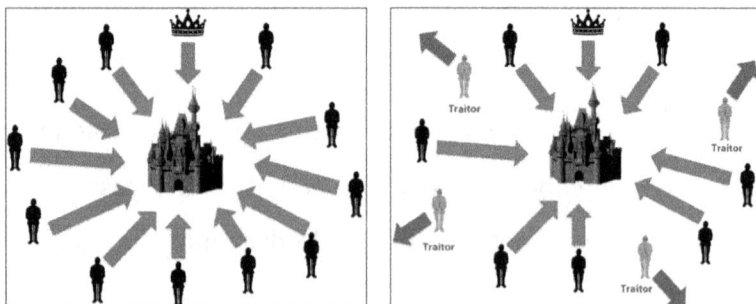

La soluzione del problema dei Generali bizantini: Satoshi Nakamoto e il bitcoin.

La soluzione al problema è stata sviluppata da Satoshi Nakamoto, l'inventore della blockchain bitcoin sempre più popolare e rivoluzionaria.

Il bitcoin è la soluzione al problema dei Generali bizantini, infatti ogni armata può essere considerata come un nodo nel sistema, i messaggi come le transazioni e la città nemica come qualsiasi *man in the middle* che cerca di modificare la rete.

In conclusione, possiamo affermare che la tecnologia blockchain è essenzialmente un modo per ottenere consenso in un sistema distribuito. Non si tratta solo di soldi, ma di un modo molto sofisticato e rivoluzionario per creare fiducia.

L'invio di transazioni è semplicemente una delle applicazioni, infatti, come abbiamo avuto modo di approfondire nel corso del capitolo, la blockchain ha il potenziale per sconvolgere l'industria finanziaria ma anche l'assistenza sanitaria, l'istruzione, la pubblica amministrazione e innumerevoli altri settori.

L'idea del potere decentralizzato, in cui è radicata la tecnologia blockchain, ha delle implicazioni importanti molte delle quali devono ancora essere immaginate.

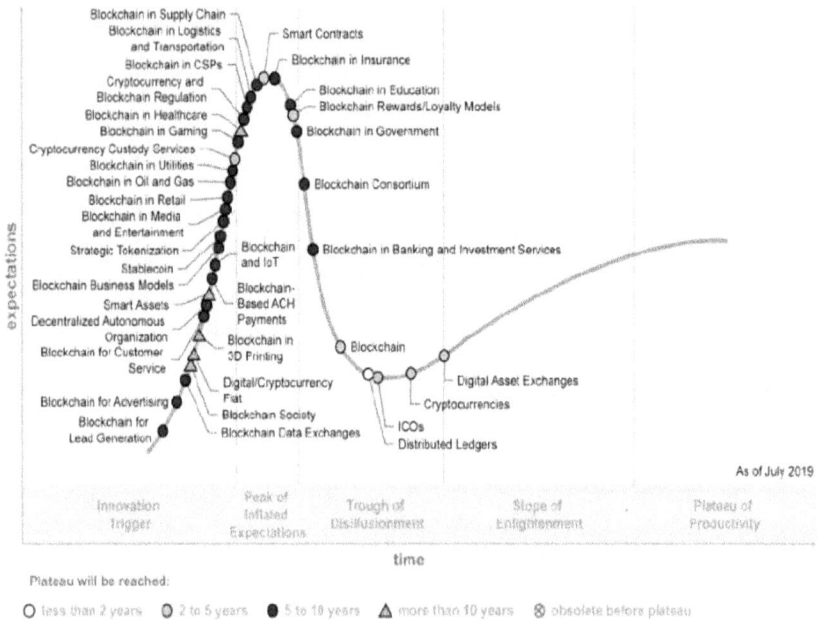

Hype Cycle for Blockchain Business, 2019

RIEPILOGO DEL CAPITOLO 1

- SEGRETO n. 1: Distributed Ledger. Abbiamo scoperto la portata rivoluzionaria dei database distribuiti che, grazie ai nodi, rappresentano la spina dorsale della blockchain.

- SEGRETO n. 2: i componenti della blockchain. Abbiamo visto cosa sono il timestamp, la funzione di hash, i nodi e i blocchi, e come lavorano in sinergia all'interno del network.

- SEGRETO n. 3: il consenso. La blockchain ha risolto brillantemente il problema dell'integrità dei dati e delle transazioni all'interno di un sistema decentralizzato.

- SEGRETO n. 4: il double spending. Il bitcoin ha risolto il problema della doppia spesa nell'ambito delle valute digitali con un'ingegnosa combinazione di crittografia e incentivi economici.

- SEGRETO n. 5: i token. Abbiamo visto cos'è un token e le differenze principali tra utility e security token.

- SEGRETO n. 6: gli smart contract. La rivoluzione della blockchain nel campo della contrattualistica.

- SEGRETO n. 7: blockchain pubbliche e private. Abbiamo visto la differenza tra i due tipi di blockchain e i principali ambiti applicativi nei contesti sociali ed economici.

Capitolo 2:
Bitcoin, la nascita di una nuova era

Per ridurre parte della confusione che circonda il bitcoin, dobbiamo distinguere due componenti distinte ma complementari. Da un lato abbiamo il *token bitcoin*, un frammento di codice che rappresenta la proprietà dell'asset digitale.

Dall'altro lato abbiamo il *protocollo Bitcoin*, un network distribuito che mantiene un registro del bilancio dei bitcoin token (il famoso ledger o libro mastro che abbiamo visto nel capitolo precedente).

Il sistema consente di effettuare pagamenti tra vari soggetti senza passare attraverso un'autorità centrale o un qualsiasi intermediario e questo è uno degli aspetti più rivoluzionari della tecnologia bitcoin (e più in generale di tutte le criptovalute), che promette di dare forma e sostanza a quelle spinte verso una sostanziale disintermediazione delle transazioni che stanno caratterizzando lo scenario socio-economico attuale.

Il bitcoin è creato (con il mining) e conservato elettronicamente, infatti non viene stampato come le monete fiat tradizionali (euro, dollaro) ma viene prodotto da computer in tutto il mondo grazie a dei software *open source.*

Il bitcoin è stata dunque la prima di quelle che oggi comunemente sono chiamate criptovalute o valute digitali, una classe di asset digitali in forte crescita basata sulla crittografia ma che al tempo stesso condivide alcune caratteristiche con le valute tradizionali.

Il bitcoin è stato inventato da uno sviluppatore di software meglio noto con lo pseudonimo di Satoshi Nakamoto, che nel 2008 ha proposto la moneta come un nuovo sistema di pagamento elettronico basato su prove matematiche e nel 2009 ha rilasciato la prima versione del software *bitcoin client.*

L'idea alla base del progetto era quella di proporre un mezzo efficace per lo scambio di valore, indipendente da qualsiasi autorità centrale e che potesse essere trasferito elettronicamente in modo sicuro, verificabile e immutabile.

Ancora oggi, l'identità di Satoshi Nakamoto è ignota (molti ipotizzano in realtà che non si tratti di un singolo individuo ma di un team di sviluppatori).

Come detto poc'anzi, il bitcoin presenta delle caratteristiche comuni con le *fiat currencies*, infatti, esattamente come le valute tradizionali, può essere scambiato digitalmente per finalizzare delle transazioni elettroniche, a patto che ci sia la volontà di entrambe le parti.

Detto questo, il bitcoin ha delle peculiarità che lo distinguono in maniera significativa dalle valute fiat digitali.

Decentralizzazione.
La caratteristica principale del bitcoin è quella di essere una moneta decentralizzata. Nessuna istituzione controlla il *bitcoin core*, che è gestito da un gruppo di programmatori volontari e si poggia su una rete aperta di computer dedicati e distribuiti in tutto il mondo.

Questo requisito, che da solo è sufficiente a stravolgere le attuali credenze sul denaro e sul valore, attrae inevitabilmente tutti quegli individui e gruppi di persone che non gradiscono i controlli stringenti che le banche e le istituzioni governative esercitano sui loro capitali.

Il bitcoin inoltre risolve il problema del double spending delle valute digitali (che, come abbiamo già avuto modo di vedere nel capitolo relativo alla blockchain, prima del suo avvento potevano essere duplicate e riutilizzate) attraverso un'ingegnosa combinazione di crittografia e incentivi economici.

Nelle valute digitali fiat questa funzione è soddisfatta dalle banche, che dà loro il controllo del sistema finanziario tradizionale. Con il bitcoin, invece, l'integrità delle transazioni è gestita da una rete distribuita e pubblica.

Base monetaria limitata.
Le valute fiat (euro, dollaro, yen) hanno una base monetaria potenzialmente illimitata, infatti le banche centrali possono

emettere quanta valuta desiderano e tentare di manipolare il valore di una moneta rispetto a un'altra.

I detentori della moneta (e in particolare i cittadini con poche alternative) pagano lo scotto di queste politiche inflattive. Con il bitcoin invece la base monetaria è strettamente controllata dall'algoritmo sottostante.

Un numero limitato di nuovi bitcoin viene minato ogni ora, a un tasso decrescente, fino al raggiungimento del limite massimo di bitcoin "coniabili" di 21 milioni di pezzi.

Questa caratteristica rende il bitcoin una moneta dalla tipica connotazione deflattiva, che ha tutti gli elementi anche per essere considerato, al pari dell'oro, un asset ideale per conservare, quando non incrementare, il valore del proprio capitale (se la domanda cresce e l'offerta resta invariata, il valore di un bene aumenta).

Tutto questo con l'enorme vantaggio di un'accessibilità decisamente alla portata di tutti: i metalli preziosi infatti sono tradizionalmente una classe di asset accessibile solo a un numero limitato di persone, mentre per acquistare bitcoin è sufficiente un dispositivo connesso alla rete internet.

Pseudo-anonimato.

Mente i titolari di conti bancari o le parti di una transazione elettronica tradizionale sono chiaramente identificati (conformemente alle varie legislazioni internazionali), gli utenti del bitcoin network in teoria operano in una condizione di semi-anonimato.

Dato che non esiste un ente centrale regolatore, gli utenti non devono identificarsi quando inviano bitcoin a un altro partecipante alla blockchain.

Infatti, quando viene inoltrata una richiesta di transazione, il protocollo controlla tutte le transazioni precedenti per confermare che il mittente abbia il numero di bitcoin necessario al completamento del processo.

Il sistema dunque non ha bisogno di conoscere la sua identità. A questo proposito, le forze di polizia dei vari stati hanno sviluppato vari metodi per identificare gli utenti, quando questo si rende necessario.

Inoltre, la maggior parte delle piattaforme del mercato (*wallet online, exchange*) sono obbligate dalle varie legislazioni nazionali a identificare i propri clienti tramite il processo meglio noto come Kyc (*Know your customers*) e questo facilita ulteriormente la possibilità di tener traccia dell'uso dei bitcoin.

Poiché la rete è trasparente, l'andamento di una determinata transazione è visibile a tutti.

Tutto questo rende il bitcoin una moneta decisamente poco appetibile per criminali, terroristi o per il riciclaggio di denaro, contrariamente a quello che spesso si è indotti a pensare.

La confusione nei confronti del bitcoin che oggigiorno regna nei *mass-media mainstream* è dovuta a una sostanziale quanto vergognosa "scarsa conoscenza" del fenomeno da parte di quelli che invece dovrebbero facilitarne la comprensione (leggasi giornalisti), e questo in passato ha fatto sì che contro il bitcoin si scatenassero delle vere e proprie campagne denigratorie, totalmente prive del benché minimo fondamento.

Immutabilità.

Le transazioni bitcoin non possono essere revocate, a differenza delle transazioni elettroniche in valuta fiat. Questo perché non esiste un'autorità centrale che possa stabilire la restituzione di una determinata somma.

Se una transazione viene registrata sulla rete, è impossibile modificarla. Anche se questo aspetto in un primo momento potrebbe inquietarti, se rifletti bene in realtà siamo di fronte a una caratteristica che rende la rete bitcoin potenzialmente invulnerabile alle manomissioni.

Infatti, qualsiasi transazione sul bitcoin network non potrà essere modificata, annullata o manipolata.

Divisibilità.

La più piccola unità di un bitcoin è chiamata *satoshi*. È il cento milionesimo di un bitcoin (0,00000001), ai prezzi odierni circa l'equivalente di un centesimo di un centesimo. Questo in teoria, contrariamente alla moneta elettronica tradizionale, consente l'effettuazione di micro-transazioni.

Dopo questa corposa introduzione, la domanda che sicuramente ti starai chiedendo è: *come e perché usare il bitcoin?*

Abbiamo visto che il bitcoin è stato creato originariamente come metodo di pagamento decentralizzato e alternativo. All'epoca, a differenza dei tradizionali bonifici bancari, le transazioni in bitcoin erano a basso costo e quasi istantanee.

Tuttavia, il miglioramento della qualità dei metodi di pagamento convenzionali e la conseguente riduzione dei costi di intermediazione, parallelamente allo sviluppo di forme alternative alle criptovalute per le transazioni transfrontaliere, hanno ridotto il vantaggio competitivo del bitcoin in questo settore alla luce delle commissioni di rete in aumento e dei frequenti intasamenti del network (quest'ultimo problema, in realtà, è in via di risoluzione grazie all'implementazione del *Lightning Network*, che vedremo più avanti).

In alcune parti del mondo, il bitcoin è ancora il modo più efficiente ed economico per trasferire denaro attraverso i confini, e diverse startup si avvalgono di questa funzione.

Tuttavia i vantaggi in termini di costi e velocità del bitcoin vengono erosi man mano che i canali tradizionali migliorano e anche la liquidità in alcuni paesi a volte può essere un problema.

Nell'ambito della grande e piccola distribuzione stiamo assistendo a un aumento degli esercenti che accettano la criptovaluta come forma di pagamento, anche se siamo lontani da livelli che possano incidere significativamente sull'aumento della curva di adozione della tecnologia.

Infatti, è chiaro come la maggior parte delle iniziative in tal senso abbia esclusivamente finalità di marketing e di ritorno d'immagine, che nulla hanno a che vedere con un genuino sentimento di adozione di una nuova tecnologia, anche se sono convinto che presto o tardi fare la spesa con il bitcoin (e altre valute digitali) sarà una prassi quotidiana.

In tale contesto, oggi molti individui si sentono più a loro agio nel detenere una parte della propria ricchezza in bitcoin (inteso dunque come una riserva di valore), lontana dal controllo di un'autorità centrale.

Metodo di pagamento o riserva di valore?
Negli ultimi mesi il bitcoin sembra aver assunto il ruolo di asset di investimento, in quanto investitori istituzionali e piccoli risparmiatori si sono resi conto dei potenziali guadagni derivanti dall'apprezzamento della quotazione della moneta.

Senza contare gli abitanti di quei Paesi che negli anni hanno visto le rispettive valute nazionali letteralmente disintegrate sotto i colpi dell'iper-inflazione (gli esempi più recenti sono stati quelli del Venezuela e Argentina), che sono alla ricerca disperata di beni rifugio in cui conservare il valore della propria ricchezza e che hanno trovato nel bitcoin una valida soluzione alla moneta nazionale, ormai assurta al ruolo di carta straccia.

In questa foto del 2018 si può apprezzare visivamente la quantità di bolívar necessari per l'acquisto di un pollo in Venezuela. A tal proposito, se analizziamo i volumi di trading sul bitcoin nel Paese all'apice della crisi monetaria, scopriremo come questi siano "esplosi" proprio in risposta alla svalutazione del bolívar.

Weekly LocalBitcoins Volume (Venezuelan Bolivar)
coin.dance

Nel capitolo sulla politica monetaria, approfondiremo nel dettaglio tutti questi aspetti.

A questo punto, dopo aver visto le nozioni base, sono quasi certo che ti starai chiedendo: "Ok Cristian, il potenziale della moneta è davvero interessante, ma come posso comprare bitcoin?".

Acquistare bitcoin.
Prima di risponderti, però, voglio precisare un concetto a cui tengo particolarmente e cioè non devi mai investire importi che non puoi permetterti di perdere.

Questa è una delle regole auree del buon investitore e va applicata con maggior rigore in un mercato come quello delle criptovalute, caratterizzato da estrema volatilità.

Dopo questa doverosa premessa, torniamo a noi. Per acquistare i tuoi bitcoin potrai rivolgerti alle numerose piattaforme che offre il mercato o direttamente da altre persone secondo le modalità che andremo ad analizzare più avanti.

Inoltre, potrai formalizzare l'acquisto attraverso una varietà di metodi di pagamento, che vanno dal bonifico bancario alla carta di credito. Ma procediamo con ordine.

1. Crea il tuo wallet.
Il primo passo da compiere è quello di settare il tuo wallet (portafoglio) dove conservare i bitcoin. Ne avrai bisogno qualunque sia il metodo che sceglierai per l'acquisto.

Un wallet è sostanzialmente l'equivalente di un conto bancario, che ti consente di ricevere, conservare e inviare bitcoin ad altri utenti.

Pensa al wallet come a un'interfaccia personale sulla rete bitcoin, così come il tuo conto bancario online è un'interfaccia al sistema monetario convenzionale, che ti fornirà le chiavi private (1) per movimentare i tuoi bitcoin.

(1) Metodo di comunicazione sicura attraverso canali non sicuri. Prima della crittografia a chiave pubblica, la più grande debolezza della crittografia era proprio l'incapacità di comunicare la chiave in sicurezza. Le chiavi sono fornite in coppia, così quella pubblica viene usata per crittografare il messaggio mentre quella privata per decodificarlo.

In realtà, non sono i bitcoin che devono essere archiviati e protetti, ma le chiavi private che ti danno accesso a essi.

Semplificando il concetto, un bitcoin wallet è un'app, un sito web o un dispositivo che gestisce le chiavi private per te. Vediamo insieme le varie tipologie di wallet.

Desktop wallet.
L'installazione di un wallet direttamente sul tuo computer ti dà la sicurezza di controllare le tue chiavi private. Molti hanno una configurazione relativamente semplice e sono gratuiti.

Lo svantaggio è che questi software richiedono una maggiore attenzione dal punto di vista della sicurezza informatica e del backup dei dati. Infatti, se il tuo computer viene rubato o danneggiato e le tue chiavi private non vengono salvate altrove, perdi i tuoi bitcoin.

Se il tuo computer viene hackerato e il ladro si impossessa delle tue chiavi private, si impossessa anche dei tuoi bitcoin.

Nel capitolo sulla sicurezza informatica vedremo dettagliatamente tutte le misure pratiche da implementare a protezione delle nostre valute digitali.

Il portafoglio software originale è il protocollo Bitcoin core, il programma che esegue e gestisce la rete bitcoin (puoi scaricarlo a questo indirizzo https://bitcoin.org/it/scarica).

In questo caso dovrai scaricare l'intera blockchain con il ledger di tutte le transazioni dall'inizio dell'operatività del Bitcoin core (2009) e, come puoi immaginare, questo richiede molta memoria sul tuo dispositivo.

La maggior parte dei portafogli in uso oggi sono i cosiddetti "light wallets" o Spv (*Simplified Payment Verification*) a verifica semplificata dei pagamenti, che non scaricano l'intero libro mastro ma si sincronizzano con la blockchain di interesse.

Electrum ad esempio è un noto Spv wallet con una buona interfaccia utente, che può ospitare varie criptovalute e che fornisce anche il servizio di "cold storage" (un'opzione totalmente offline per una maggiore sicurezza).

Altri wallet interessanti sono exodus e copay (quest'ultimo offre anche la possibilità di aprire account condivisi).

Wallet online.

I wallet online sono indubbiamente quelli che offrono maggiore praticità, infatti puoi accedere ai tuoi bitcoin da qualsiasi dispositivo se hai le password corrette. Sono tutti facili da configurare, dotati di app desktop e mobili che semplificano l'invio e la ricezione di bitcoin e per lo più sono gratuiti.

Lo svantaggio di questa opzione è quello della minore sicurezza. Infatti, le tue chiavi private saranno in possesso di queste piattaforme (formalmente dunque non avrai il "possesso" delle tue monete) e dovrai fidarti delle loro misure di sicurezza o, peggio, sperare che non scompaiano nel nulla con le tue monete.

In realtà, sarà sufficiente scegliere piattaforme dal prestigio internazionale e dalla comprovata affidabilità, per mettersi al riparo da questo genere di sorprese.

Tra i principali wallet online, quello che a mio avviso fornisce le migliori garanzie sotto tutti i punti di vista, è decisamente Coinbase. Puoi aprire un account gratuitamente da questo link: https://coinbase-consumer.sjv.io/bitcoinfacile.

Oltre a essere tra le pochissime piattaforme che può vantare il fatto di non aver mai subito un attacco *hacker*, è anche la soluzione migliore e il giusto compromesso tra la sicurezza e la semplicità di utilizzo (davvero ottimo per un neofita).

Inoltre Coinbase è direttamente collegato al proprio exchange Coinbase pro, dove si può fare trading delle principali criptovalute e offre alcune funzionalità di sicurezza aggiuntive, come il servizio cassaforte (cold storage).

Un altro merito che a mio avviso va riconosciuto a Coinbase è quello di aver contribuito negli ultimi anni ad avvicinare sempre più persone al mondo delle criptovalute e ultimamente la società si sta accreditando con successo come uno dei principali referenti del mercato delle valute digitali per gli investitori istituzionali, a garanzia della solidità della piattaforma.

Mobile wallet.
Wallet disponibili come app per smartphone, particolarmente utili se vuoi spendere i tuoi bitcoin in un negozio o se vuoi effettuare una transazione mentre sei in giro.

Tutti i desktop e online wallet indicati in precedenza hanno un'app associata, mentre altri, come *Abra* o *Bread*, sono stati creati esclusivamente per il mobile.

Questi sono i portafogli elettronici che mi piacciono meno, vista la vulnerabilità conclamata dei dispositivi mobili e nel capitolo sulla sicurezza informatica approfondiremo la questione.

Hardware wallet.

Gli *hardware wallets* sono piccoli dispositivi che si utilizzano per conservare offline le proprie criptovalute e di conseguenza sono molto sicuri in quanto non *hackerabili.*

Tuttavia possono essere smarriti o sottratti e per questo motivo alcuni grandi investitori conservano tali dispositivi nelle cassette di sicurezza o nei caveau delle banche.

In realtà, è sufficiente implementare delle piccole accortezze per ridurre al minimo il rischio di uno smarrimento o sottrazione, come vedremo nell'apposito capitolo. Trezor e Ledger X sono ottimi hardware wallet.

Paper wallet.

Sono dei semplici pezzi di carta su cui sono stampate le chiavi private e pubbliche di un indirizzo bitcoin.

Come gli hardware wallet, sono ideali per la conservazione a lungo termine e sono molto sicuri proprio perché scollegati dalla rete, ma hanno lo svantaggio di un elevato rischio di furto o smarrimento.

Con servizi come WalletGenerator e BitcoinPaperWallet, è possibile creare facilmente un proprio paper wallet.

Dubbio amletico, quale wallet scegliere?
"Ok Cristian, ci sono varie possibilità per conservare i miei bitcoin, ma qual è la soluzione migliore e soprattutto più sicura?".

Più o meno è questa la domanda che mi sento ripetere ogni volta che si affronta l'argomento wallet e la risposta è sempre la stessa; non esiste una risposta univoca, in quanto ci sono vari fattori da considerare.

Hai già esperienza nel mondo delle criptovalute o sei un neofita? Come te la cavi con la tecnologia e l'informatica? Vuoi comprare bitcoin e conservarli a lungo termine o preferisci tenerli disponibili per il trading?

Per un neofita, la soluzione migliore è senza dubbio Coinbase, zero stress e in pochi semplici passaggi hai le tue monete.

Per un investimento con un'ottica di lungo periodo la soluzione ottimale è un hardware wallet, mentre chi predilige il trading o un arco temporale ridotto utilizzerà un wallet online. Come vedi, per ogni esigenza c'è il wallet appropriato.

Dal punto di vista della sicurezza, molto dipende da quale hai scelto. L'opzione più sicura è un portafoglio hardware, che conserverai in un luogo sicuro. In questo modo non vi è alcun rischio che il tuo account possa essere violato, le tue chiavi rubate e i tuoi bitcoin portati via, a meno che tu non perda il dispositivo.

Una soluzione per limitare i rischi è quella di creare vari backup delle chiavi. Anche l'utilizzo di wallet online affidabili è una valida soluzione, l'ideale per chi è agli inizi nel mondo delle criptovalute.

Molti grandi investitori utilizzano un approccio ibrido: conservano offline la quantità di bitcoin da tenere a lungo termine e mantengono la liquidità su un wallet online. La scelta dipenderà dalla strategia d'investimento e dalla volontà di migliorare le proprie capacità informatiche.

Qualunque sia la scelta, per favore fai attenzione. Esegui il backup di tutto e informa solo le persone a te più care sull'esatta ubicazione di tutto il materiale.

2. Compra online.

Dopo aver scelto e configurato il wallet, non ti resta che procedere con l'acquisto dei tuoi primi bitcoin.

Le piattaforme con cui dovrai necessariamente familiarizzare sono gli *exchange* di criptovalute, in sostanza delle piattaforme centralizzate che svolgono il ruolo di intermediario nello scambio (compravendita) di criptovalute tra due soggetti, beneficiando di una commissione.

So che uno degli obiettivi di questa nuova tecnologia è proprio quello di disintermediare le transazioni, dunque capisco se questo concetto possa suonarti strano, ma tant'è.

Fino a quando i Dex (Decentralized Exchange) ossia piattaforme di scambio decentralizzate non si diffonderanno sul mercato, dovremo convivere con questa sorta di "dissonanza cognitiva".

Tornando a noi, ci sono centinaia di exchange in attività con diversi livelli di liquidità e sicurezza. Come per i wallet, anche in questo caso è consigliabile fare qualche ricerca prima di scegliere.

Gli exchange che a mio avviso offrono sicuramente le migliori garanzie sotto i punti di vista della liquidità e della sicurezza, sono Bitfinex, Binance e Coinbase Pro.

Queste sono piattaforme che ho testato personalmente e su cui opero quotidianamente, dunque sono in grado di formulare un giudizio basato sull'evidenza, ma è chiaro come ci siano anche altri exchange assolutamente validi.

Tutte le piattaforme menzionate, a causa delle normative antiriciclaggio, richiedono una verifica dell'account da completare con l'invio di un documento d'identità per avere accesso alle funzionalità complete del servizio (in realtà è possibile operare anche senza aver effettuato la Kyc, ma con delle limitazioni sugli importi giornalieri).

Molti exchange accettano pagamenti tramite bonifico bancario o carta di credito e spesso l'utente è soggetto al pagamento di alcune commissioni (a questo proposito, se vuoi scoprire come acquistare il tuo primo bitcoin azzerando lo *spread* e riducendo allo zero virgola le commissioni, guarda il video sull'argomento che ho realizzato per te http://bit.ly/ClubBitcoin3X).

Una volta completati gli acquisti, potrai decidere di lasciare le monete sull'exchange (sconsigliato e nel capitolo sulla sicurezza informatica vedremo il perché) o di trasferirle nel tuo wallet.

3. Compra off-line.
Piattaforme come Localbitcoins.com ti aiuteranno a trovare persone disposte a scambiare bitcoin, mentre il sito Coinatmradar.com può aiutarti a trovare il bitcoin ATM più vicino.

Spendere o conservare i bitcoin?
Premesso che a mio avviso il modo migliore per gestire i bitcoin attualmente è quello di conservarli come riserva di valore al pari dei metalli preziosi (oro su tutti), qualora fossi colto

dall'irrefrenabile impulso sappi che ci sono vari modi in cui spendere le valute digitali.

Dopo un iniziale entusiasmo di aziende ed esercenti nell'accettare il bitcoin come forma di pagamento, negli ultimi mesi l'interesse è scemato e l'aumento della volatilità dei prezzi lo ha reso meno attraente come moneta di scambio.

Al momento, tuttavia, è ancora possibile acquistare una vasta gamma di beni e servizi con le monete digitali. Tra i vantaggi, ricordiamo la facilità nell'effettuare transazioni transfrontaliere e lo pseudo anonimato (su quest'ultimo punto inciderà il tipo di criptovaluta scelta, ma per quanto riguarda il bitcoin abbiamo già visto perché è un errore affermare che si possa utilizzare per transazioni anonime).

Accettando bitcoin, i commercianti hanno accesso a un mercato più ampio e non devono preoccuparsi così tanto dei *charge back* (la dinamica con cui gli acquirenti annullano il pagamento dopo aver ricevuto il prodotto in caso di problemi).

Se ad esempio si desidera utilizzare bitcoin per acquistare dei doni, si potranno sfruttare le carte regalo promosse dalla *partnership* tra Coinbase e WeGift, che consente di utilizzare criptovalute per ricaricare la carta regalo in valuta locale, che sarà accettata dai punti vendita aderenti all'iniziativa (in Italia è possibile utilizzare le carte anche su grandi catene del calibro di Carrefour e Decathlon).

Inoltre potrai pagare voli e hotel con bitcoin tramite Expedia, CheapAir e Surf Air e, se le tue ambizioni sono più alte, potrai guidare anche una monoposto di Formula 1 tramite il portale finlandese "speedpassion.fi".

Per non parlare di Microsoft che accetta bitcoin nel suo store o di famosi dealer di metalli preziosi come JM Bullion che già da anni accettano bitcoin in cambio di lingotti d'oro (mica scemi).

Potrei andare avanti ancora a lungo con la lista di beni e servizi che si possono acquistare tramite le valute digitali, ma lo scopo del libro è solo quello di farti capire quanto in realtà il bitcoin sia già penetrato in profondità nelle nostre vite, anche se spesso non ce ne rendiamo conto.

Voglio precisare che le attività specifiche menzionate qui non sono le uniche opzioni disponibili e sono state indicate per puro scopo esemplificativo, pertanto non devono essere considerate come una raccomandazione.

Come vendere bitcoin.
Generalmente tutti i metodi per acquistare bitcoin offrono anche l'opzione per vendere la moneta (con l'ovvia eccezione dei bitcoin Atm, anche se ultimamente qualche dispositivo accetta criptovalute in cambio di contante).

Tutte le piattaforme del mercato offrono la possibilità di una compravendita (trading) dove appunto puoi decidere di scambiare i tuoi *crypto assets* con altre valute digitali piuttosto che con moneta tradizionale.

Un'alternativa è quella della vendita diretta. Come per l'acquisto, puoi registrarti su piattaforme come Localbitcoins dove ti contatteranno gli eventuali acquirenti interessati al tuo prezzo. Le transazioni sono generalmente effettuate tramite depositi o bonifici sul tuo conto bancario, dopodiché ti sarà richiesto di trasferire la quantità concordata di bitcoin all'indirizzo specificato.

Non è una buona idea incontrare estranei per scambiare bitcoin con denaro contante, come ci insegnano i numerosi eventi di cronaca costellati dei più disparati tentativi di truffa.

Come accettare pagamenti in bitcoin nel tuo negozio.
Il bitcoin continua a conquistare credibilità, infatti l'interesse pubblico in merito a questa nuova tecnologia è al massimo storico e in continuo aumento.

Le grandi società investono ingenti risorse e manodopera nel settore e gli esperti sono concordi nel ritenere che in futuro la finanza non potrà prescindere dalle valute digitali (in tal senso è illuminante il report diffuso dal Parlamento europeo nell'estate del 2018: "Valute virtuali e politica monetaria delle banche centrali: le prossime sfide").

È naturale che sempre più piccole imprese in tutto il mondo inizino ad accettare valute digitali come forma di pagamento e in questo modo si posizioneranno come un'azienda in prima linea nello sviluppo tecnologico, attirando così pubblicità e nuovi clienti.

Di seguito troverai una piccola guida pratica per implementare anche nel tuo negozio i pagamenti in bitcoin o in qualsiasi altra criptovaluta.

Wallet.
Se hai un piccolo bacino di clienti disponibile a utilizzare valute digitali, il modo più pratico è quello di chiedere loro di trasferire i fondi direttamente nel tuo wallet.

Dunque tutto quello che dovrai fare è aprire un portafoglio elettronico su una piattaforma, dove appunto riceverai i pagamenti, e collegare a essa il tuo conto bancario o la tua carta di credito per poter prelevare i fondi dal tuo portafoglio bitcoin dopo averli convertiti in valuta fiat.

Per semplificare la procedura, una buona soluzione è quella di esporre l'indirizzo del tuo wallet sottoforma di QR Code.

In questo modo i clienti potranno pagare con estrema semplicità, utilizzando la propria app.

Vista la volatilità delle criptovalute, sarà opportuno verificare il tasso di cambio al momento della transazione (questione di pochi secondi grazie alle app delle varie piattaforme di scambio).

Applicazioni mobili.
Nel tentativo di semplificare i pagamenti in valute digitali per le aziende, gli sviluppatori di software hanno creato varie app

touchscreen. Queste applicazioni funzionano esattamente come le transazioni dirette nei wallet online.

L'esercente deve collegare con l'app l'indirizzo del proprio portafoglio e, al momento del pagamento, inserire l'importo richiesto in valuta fiat (nel tuo caso euro, se sei in Italia).

A questo punto l'app genera un QR code contenente l'indirizzo e l'importo della transazione, già comodamente convertito al tasso di cambio corrente della criptovaluta scelta.

Il cliente ora dovrà semplicemente scansionare il QR code con la propria app e autorizzare la transazione.

Questi servizi (BitPay, CoinFly, CoinGate e tanti altri) possono essere utilizzati sulla maggior parte degli smartphone e tablet.

Terminali Hardware (Pos).
Si tratta di veri e propri Pos, le cui capacità variano a seconda del produttore. Tra i servizi più comuni abbiamo:

- *CoinKite* che fornisce un terminale di pagamento bitcoin simile ai terminali chip e Pin. Può eseguire la scansione di carte di debito basate sul bitcoin emesse dalla stessa società o operare come Atm e stampare QR code per consentire ai clienti di eseguire la scansione.
- *Revel*, una società che offre una gamma di soluzioni Pos per vari tipi di attività, con il bitcoin come opzione di pagamento.
- *General bytes*: fornitore di Atm per criptovalute.

Online.

Se gestisci un'attività online, puoi comunque accettare il pagamento diretto nel tuo portafoglio, fornendo ai clienti una chiave pubblica o un QR code. Tuttavia, vi è anche un modo per ottimizzare i pagamenti online, implementando un pulsante "paga con Bitcoin" nel tuo negozio online.

Diversi servizi offrono soluzioni per questo (BitcoinPay, Stripe) e ti forniranno anche generatori di pulsanti tramite codice Html, da inviare al proprio web master per l'inserimento sul sito web.

Fatture.

Nel caso in cui la tua azienda riceva pagamenti tramite fattura, oltre all'importo richiesto in valuta fiat si consiglia di includerne anche uno in bitcoin o delle istruzioni su come calcolarlo.

La fattura dovrà includere l'indirizzo wallet dove il cliente invierà i fondi. Dato che l'indirizzo pubblico è una lunga e casuale sequenza alfanumerica, è una buona idea includere anche il relativo QR code. Questa è un'accortezza da usare soprattutto nel caso di fatture cartacee.

Tassazione: come regolarsi?

Come abbiamo visto, uno dei più grandi svantaggi nell'accettare il bitcoin come metodo di pagamento è senza dubbio l'estrema volatilità del prezzo.

Ma c'è un'altra questione che non va affatto sottovalutata, cioè quella relativa alla tassazione. Forse il problema più grande nell'accettare bitcoin è proprio l'area grigia in cui si trova la valuta digitale in questo momento.

Le leggi e i regolamenti esistenti sono scarsi e differiscono drasticamente a seconda della giurisdizione. Inoltre, sono spesso soggetti a modifiche, il che significa che gli imprenditori devono costantemente monitorare i nuovi sviluppi e recepire le eventuali variazioni legislative.

Con questo approfondimento voglio provare a dissipare qualche dubbio al riguardo e definire bene gli ambiti entro cui muoversi, anche se è auspicabile un rapido intervento normativo da parte degli organi legislativi deputati.

Inquadriamo bene il contesto. Se restiamo nell'ambito dei pagamenti di una prestazione lavorativa o degli acquisti di beni e servizi, si sarà soggetti al regime fiscale in vigore per questo genere di prestazioni.

Che tu ti faccia pagare le fatture in euro, in dollari, in bitcoin o in oro, la situazione non cambia e sarai soggetto alle imposte secondo i tuoi criteri generali di tassazione.

Diverso è il tema delle plusvalenze da cessione di bitcoin. Se io svolgo l'attività di trading come imprenditore all'interno di una società, sarò soggetto al pagamento delle imposte secondo le ordinarie regole di tassazione.

Se io svolgo invece questa attività come persona fisica, le plusvalenze che otterrò tramite lo scambio di criptovalute non saranno tassabili, a meno di non superare una determinata soglia.

Se infatti supereremo per almeno 7 giorni consecutivi in un anno una consistenza di valore di bitcoin pari o superiore a 51.000 euro, allora le nostre plusvalenze generate dalle vendite di bitcoin nell'arco di un anno saranno tassate e dovremo inserirle nella dichiarazione dei redditi nel riquadro RW.

Risoluzione ministeriale dell'Agenzia delle Entrate n. 72 del 02/09/2016.
Questa risoluzione è la pubblicazione della risposta che l'Agenzia delle Entrate ha fornito all'interpello di una società intermediaria nel mondo dei bitcoin, che in breve chiedeva: "Se io trasferisco a dei miei clienti persone fisiche quanto generato dalla vendita di un

bitcoin, devo applicare una ritenuta, perché queste plusvalenze sono soggette a tassazione, o non devo applicarla?".

L'Agenzia ha risposto che i bitcoin di fatto sono forme alternative di valute, dunque la plusvalenza in parola non sarà assoggettata a nessuna ritenuta alla fonte, perché non c'è alcuna tassazione.

A pagina 7 l'Agenzia delle Entrate infatti scrive: "Per quanto riguarda la tassazione ai fini delle imposte sul reddito dei clienti della Società, persone fisiche che detengono i bitcoin al di fuori dell'attività d'impresa, si ricorda che le operazioni a pronti (acquisti e vendite) di valuta non generano redditi imponibili mancando la finalità speculativa. La Società, pertanto, non è tenuta ad alcun adempimento come sostituto d'imposta".

Credo che l'impostazione sia sufficientemente chiara. In sintesi l'Agenzia delle Entrate conferma che le criptovalute sono valute alternative, quindi le plusvalenze derivate dalla loro cessione non sono soggette a tassazione, e di conseguenza si applicheranno le regole di cui sopra, relativamente al superamento della soglia di 51.000 euro per almeno 7 giorni consecutivi in un anno.

Criticità di questa impostazione.

Dunque, ricapitolando, l'Agenzia delle Entrate assimila le criptovalute alle valute estere, che non sono soggette a tassazione, ma lo è l'eventuale plusvalenza (*capital gain*) che si genera dalla vendita a un prezzo superiore rispetto a quello d'acquisto.

In sostanza la risoluzione ministeriale del settembre 2016 fa le veci di una legge che ancora non c'è. Questa interpretazione, però, oltre a essere concettualmente errata è anche in netto contrasto con la V direttiva antiriciclaggio del Parlamento europeo.

Perché le criptovalute sono assimilate a valute straniere, quando sono state acquistate in Italia e non vengono possedute su un conto corrente estero? E poi, perché chi possiede altri beni "rifugio" come metalli preziosi e opere d'arte, che hanno un mercato persino maggiore di quello delle valute digitali, non deve dichiararli?

Inoltre, l'interpretazione dell'Agenzia delle Entrate potrebbe provocare dei gravi paradossi, come vedremo nei due esempi di seguito.

Ipotizziamo che nel 2017 l'investitore A abbia detenuto un portafoglio di 10.000 Litecoin (una delle monete principali del mercato), acquistate negli anni precedenti al costo unitario di 1 euro e che li abbia venduti il 1° settembre 2017 al prezzo unitario di 82 euro, realizzando un'operazione di cessione a pronti pari a 820.000 euro.

Stando all'interpretazione dell'Agenzia delle Entrate, la plusvalenza realizzata sarebbe fiscalmente non imponibile.

Infatti, la valutazione al cambio di inizio periodo (gennaio 2017) è stata di circa 3,50 euro a moneta, dunque inferiore alla soglia di euro 51.645,69.

Inoltre, in tutto il periodo d'interesse (1° gennaio-1° settembre 2017) la suddetta soglia non è stata mai superata per 7 giorni continuativi, in modo da dare rilevanza reddituale alla cessione di valute estere.

Adesso vediamo il caso dell'investitore B. Ipotizziamo che sempre nel 2017 l'altro investitore abbia avuto un portafoglio di 10 bitcoin (valore di circa 800 euro cada uno a inizio periodo) e che il 19 dicembre 2017 abbia venduto i suoi bitcoin incassando un controvalore di 165.000 euro.

In questo caso saremmo di fronte a un'operazione la cui plusvalenza rivestirebbe piena imponibilità, perché nel periodo d'interesse il controvalore dei bitcoin detenuti ha superato il saldo dei 51.645,69 euro per oltre 7 giorni continuativi.

Risultato: l'investitore A, quasi milionario in euro, non dovrebbe nulla al fisco, al contrario dell'investitore B che dovrebbe far fronte a un notevole saldo d'imposta in palese violazione dei principi di progressività di imposta ed equità.

In conclusione, è chiaro come il pronunciamento dell'Agenzia delle Entrate, che stabilisce un parametro basato su una cifra fissa (i 51.645 euro) e su un periodo di sette giorni, non tenga conto delle dinamiche del mercato delle criptovalute – caratterizzato da estrema volatilità – e del loro reale valore.

In questo scenario, è opportuno evitare il "fai da te" e affidarsi a un professionista che conosca a fondo le dinamiche del settore, oltre ad auspicare un quadro normativo più chiaro, equo ed efficiente.

Come si svolge una transazione in bitcoin?
Dopo aver visto le caratteristiche del bitcoin e le modalità di utilizzo, passiamo a esaminare nel dettaglio il "funzionamento" della tecnologia dietro la moneta e mettiamo a sistema tutte le informazioni che abbiamo esaminato nel capitolo relativo alla blockchain.

Per effettuare una transazione in bitcoin, dunque, si dovrà inserire l'indirizzo pubblico del destinatario e i nodi inizieranno ad analizzare l'intera rete Bitcoin per verificare che il mittente abbia l'importo che vuole inviare e che non lo abbia già inviato ad altri (double spending).

Una volta avuta la conferma, la transazione verrà inserita in un blocco che sarà collegato al precedente e non potrà più essere annullata o modificata, poiché si dovrebbero modificare tutti i blocchi successivi.

L'indirizzo o chiave pubblica (una stringa alfanumerica di 34 caratteri) terrà traccia di tutte le transazioni e del saldo, che sarà pubblico e visibile a tutti i partecipanti all'ecosistema.

Come abbiamo già visto, ogni chiave pubblica ha una corrispondente chiave privata di 64 caratteri che va custodita gelosamente (chi possiede la chiave privata di un indirizzo è il proprietario dei bitcoin che vi sono contenuti).

Le due chiavi (pubblica e privata) sono correlate ma non c'è modo di risalire a una chiave privata da quella pubblica.

Qualsiasi transazione che parta dal tuo indirizzo bitcoin deve essere "firmata" con la chiave privata associata, inserendola nel software che utilizzi come wallet, che provvederà a inviare questa firma digitale alla rete per la convalida.

Il network dunque confermerà il saldo controllando la cronologia delle transazioni sul tuo indirizzo pubblico (tutte le transazioni sono pubbliche sul bitcoin ledger).

Mi preme sottolineare come, una volta stabilita la corrispondenza tra chiave pubblica e privata, il sistema invii la transazione alla rete per la convalida senza comunicare quale sia la chiave privata e questo è il vero punto di forza del bitcoin e della sua tecnologia.

Una volta che la tua transazione è confermata, verrà inclusa in un blocco insieme a tante altre transazioni.

Ogni blocco includerà una serie di dati tra cui l'hash del blocco precedente e questo è esattamente ciò che lo rende parte di una catena, da cui blockchain.

Ricordo velocemente che l'hash è il prodotto di una funzione matematica che riduce qualsiasi quantità di dati a una stringa di 64 caratteri; quindi ogni volta che inserisci quella esatta quantità e tipologia di dati attraverso la funzione hash, otterrai la stessa stringa di 64 caratteri.

Sarà sufficiente cambiare anche solo un bit o una semplice virgola (nel caso di un testo) per avere una stringa totalmente diversa.

Questo è un modo molto efficace per controllare l'integrità dei dati ed è esattamente come la blockchain può confermare che una transazione non sia stata manomessa.

Quindi, se una piccola parte del blocco precedente è stata manomessa, l'hash del blocco corrente dovrebbe essere modificato (perché abbiamo visto come una piccola modifica nell'input della funzione hash ne modifichi l'output) e dunque, per cambiare qualcosa nel blocco precedente, si dovrà anche cambiare qualcosa (l'hash) nel blocco corrente.

Questo è ciò che rende il bitcoin virtualmente a prova di manomissione. Virtualmente, perché è una manomissione tecnicamente possibile, ma attraverso un'operazione talmente complessa e che richiederebbe una tale potenza di calcolo, da non essere realizzabile nella pratica.

Se vuoi osservare la progressione delle transazioni bitcoin, puoi andare sul sito www.blockchain.info mentre se vuoi qualcosa di più originale e divertente vai su www.bitbonkers.com.

CRISTIAN PALUSCI – BITCOIN FACILE

Come è inquadrato legalmente il bitcoin a livello internazionale?
Con le luci della ribalta internazionale, il bitcoin e più in generale il mercato delle valute digitali ha attirato l'attenzione dei regolatori di tutto il mondo, che hanno riscontrato la necessità di avviare un processo di supervisione sull'uso e lo scambio di questi asset digitali.

Di fatto, ancora nessun Paese ha inquadrato nella propria legislazione il bitcoin, ma questo non significa che tale moneta non possa essere utilizzata; invero, il fatto che qualcosa non abbia corso legale non ne preclude l'utilizzo, ma comporta semplicemente che non ci sono protezioni né per il consumatore né per il commerciante e che il suo impiego come pagamento è completamente discrezionale.

Le questioni sul tavolo e che determineranno gli scenari futuri sono principalmente due: le criptovalute dovranno essere regolamentate su base nazionale dai singoli Stati o a livello internazionale (magari su iniziativa del G20)? E da quali autorità, le banche centrali o le agenzie di regolamentazione finanziaria?

In tale ambito, gli approcci delle varie Nazioni sono spesso differenti e l'atteggiamento di molti governi e istituzioni predilige l'approccio *wait and see* (aspetta e vedi). Vediamo quali iniziative hanno intrapreso i principali Paesi.

Unione europea.
La Commissione europea si distingue in tal senso e con la direttiva 2018/843 del 30 maggio 2018 ha stabilito che entro il 2020 gli Stati membri dell'Unione europea dovranno introdurre obbligatoriamente lo status di valuta virtuale nel loro ordinamento giuridico; infatti la suddetta direttiva dovrà essere recepita a livello dei singoli Stati entro il 10 gennaio 2020.

Oltre alla direttiva 2018/843, a luglio 2018, su richiesta del Parlamento europeo, è stato condotto uno studio sulle valute digitali, che ha prodotto un rapporto dal titolo: *Valute virtuali e politica monetaria delle banche centrali: le prossime sfide.*

Gli autori concludono il loro studio affermando che: "Dato il loro carattere globale e transfrontaliero, si raccomanda che le normative relative alle valute digitali siano armonizzate in tutte le giurisdizioni (esattamente il contrario della situazione attuale nda).

Gli investimenti in titoli virtuali dovrebbero essere tassati in modo simile agli investimenti in altre attività finanziarie. (…) Crediamo, la cosa piaccia o meno, che le valute virtuali rimarranno un elemento permanente dell'architettura finanziaria e monetaria globale per gli anni a venire".

IN-DEPTH ANALYSIS
Requested by the ECON committee

European Parliament

Virtual currencies and
central banks
monetary policy:
challenges ahead

Dalla lettura integrale del report (che consiglio caldamente) si evince l'encomiabile imparzialità degli studiosi impegnati nella redazione dello stesso, che certamente deriva dall'assenza di pregiudizi verso quello che è uno dei settori più innovativi del panorama politico ed economico attuale.

Mi auguro che questo lavoro possa tornare utile a coloro i quali spesso si lasciano andare a giudizi poco edificanti nei confronti delle valute digitali (giornalisti, economisti, politici), senza comprenderne a pieno l'essenza.

Ritengo inoltre che questo rapporto sia di fondamentale importanza per le prospettive di crescita del settore.

Intanto ci svela come l'Unione europea abbia deciso di approfondire il "fenomeno" delle criptovalute, avendo compreso le potenzialità di questa nuova tecnologia.

Poi sono certo che il report darà luogo a ulteriori approfondimenti nelle varie sedi politiche e finanziarie nazionali e internazionali, a partire dal Parlamento e dal Governo italiano, che nel recente passato hanno dimostrato grande sensibilità verso il tema della blockchain e delle criptovalute.

L'Italia a ottobre 2018 è finalmente entrata nell'European Blockchain Partnership, un'iniziativa tesa a favorire lo scambio di esperienze sul piano tecnico e giuridico tra i Paesi aderenti e l'attuale Ministro dello sviluppo economico ha annunciato l'intenzione di implementare la blockchain a tutela del *made in Italy*.

Malta, intanto, con importanti iniziative come il Delta Summit e il Blockchain Summit, eventi interamente dedicati al settore delle valute digitali e blockchain, vuole proporsi come hub europeo per le realtà del settore, con un'evidente lungimiranza visti gli ingenti capitali che confluiranno nell'isola.

È doveroso ricordare come Malta non sia solo un Paese membro Ue ma anche del Commonwealth; si trova quindi nella posizione chiave di incontro tra Europa e lo stesso Commonwealth, soprattutto dopo la Brexit.

Stati Uniti d'America.

Gli Stati Uniti hanno un sistema normativo frammentato, con legislatori in ambito sia statale sia federale responsabili di giurisdizioni a più livelli e una complessa separazione dei poteri.

Alcuni Stati sono più all'avanguardia rispetto ad altri nell'inquadramento normativo delle criptovalute, mentre a livello federale la Securities and Exchange Commission (l'equivalente della nostra Consob) sta concentrando i suoi sforzi sulla disciplina delle Initial Coin Offering (ICO), che spesso e volentieri presentano dei profili più da Security Token (titoli azionari) che Utility Token, con tutte le relative problematiche connesse allo scambio di asset di tale portata.

A ottobre 2019 la commissione ha respinto le istanze della Chicago Board Options Exchange e della New York Stock Exchange per il lancio dei primi Bitcoin Exchange Traded Fund (Etf), fornendo comunque preziose indicazioni per la presentazione di nuove proposte che saranno esaminate nel corso del 2020.

Anche la Commodity Futures Trading Commission (Cftc), molto attiva nel monitoraggio del mercato dei derivati e che recentemente ha autorizzato il lancio dei primi Bitcoin Futures a replica fisica sulla piattaforma BAKKT dell'Intercontinental Exchange, ha depositato varie denunce che hanno avviato delle indagini federali in merito a presunte manipolazioni dei prezzi nel mercato delle valute digitali, a dimostrazione di come ci sia la volontà di comprendere e regolamentare il fenomeno.

Cina.

La Cina non ha vietato il possesso e lo scambio del bitcoin, come spesso si sente dire nei vari media mainstream, mentre ha un approccio meno tollerante nei confronti dei vari exchange di criptovalute, anche se negli ultimi mesi sono arrivate una serie di aperture in tal senso con il rilascio ad alcune società di licenze per il lancio e la gestione di piattaforme per lo scambio di valute digitali.

A tal proposito, a novembre 2018 la Corte internazionale di Shenzhen ha ufficialmente riconosciuto il bitcoin come una proprietà, autorizzando individui e società a possedere e scambiare la moneta senza entrare in conflitto con le esistenti regolamentazioni finanziarie.

In tale contesto, le dichiarazioni di ottobre 2019 del Presidente Xi Jinping in merito alla necessità della Cina di accelerare lo sviluppo della blockchain da integrare nello sviluppo dell'economia interna hanno suscitato un enorme entusiasmo nel mercato, infatti l'inserimento della blockchain tra i pilastri strutturali nazionali cinesi darà notevole impulso a tutto il settore.

Le affermazioni del Presidente della Cina ovviamente vanno inserite nel contesto della guerra commerciale con gli USA, ed è chiaro come le valute digitali siano un'arma estremamente potente nelle mani del colosso orientale per contrastare le mosse del proprio avversario, con la concreta possibilità di vedere a breve una criptovaluta di stato collegata allo yuan.

In aggiunta, nel mese di novembre 2019 è venuta meno anche la velata ostilità del governo verso le mining farm, le quali hanno sempre goduto di importanti detrazioni fiscali ed elettricità a basso

CRISTIAN PALUSCI – BITCOIN FACILE

costo, tanto che da uno studio di fine 2018 è emerso come oltre il 70% dell'hash rate del bitcoin risieda in Cina.

Come nasce una moneta: il mining.
Spesso la parola mining genera un po' di confusione nelle persone che approcciano per la prima volta questa nuova tecnologia: il bitcoin non è fisico, dunque perché si utilizza il verbo "minare" per descrivere il processo di creazione della moneta?

Al pari dell'oro, che si trova nel sottosuolo, i bitcoin esistono idealmente nel protocollo ma hanno bisogno di qualcuno che "li porti alla luce".

Il protocollo prevede un numero massimo di 21 milioni di monete e ciò che i minatori fanno è portarle alla luce un po' alla volta, come ricompensa per la creazione di blocchi contenenti transazioni validate, che saranno inclusi nella blockchain.

I nodi.

Un nodo è un computer che esegue il software bitcoin e contribuisce a mantenere la blockchain in esecuzione, partecipando allo scambio e alla condivisione delle informazioni.

Chiunque può implementare un nodo su un proprio dispositivo: sarà sufficiente scaricare gratuitamente il software bitcoin all'indirizzo https://bitcoin.org/it/scarica e lasciare aperta la porta 8333 del modem.

Nel caso fossi interessato, assicurati di avere uno spazio di archiviazione fisico adeguato, infatti al momento della scrittura la blockchain completa occupa oltre 200 Gb.

Inoltre, considera che implementare un nodo comporterà un aumento del consumo di energia elettrica.

Come abbiamo già visto, i nodi hanno il compito di distribuire le transazioni bitcoin all'interno della rete, condividendo le informazioni con gli altri nodi; in questo modo l'intero network sarà aggiornato velocemente.

Alcuni nodi sono dei "mining nodes" e hanno il compito di raggruppare le transazioni in sospeso all'interno dei vari blocchi, aggiungendo questi ultimi alla blockchain.

Per fare questo, dovranno risolvere una complessa operazione matematica che fa parte del programma bitcoin e includere la risposta nel blocco.

In sostanza si dovrà trovare un numero che, quando combinato con i dati nel blocco e passato attraverso una funzione hash, produrrà un risultato che si trova all'interno di un certo intervallo.

Questo è molto più difficile di quanto sembri, infatti il *nonce* che è l'acronimo di "number used once" o numero usato una volta sola, nel caso di bitcoin è un numero intero compreso tra 0 e 4.294.967.296.

Come risolvere il problema matematico.
Questo è più complesso di quello che sembra. Come abbiamo visto in precedenza, è impossibile sapere quale sarà l'output della funzione di hash, dunque i *miners* cercano letteralmente di

indovinare a caso il numero misterioso e applicano la funzione di hash alla combinazione di questo numero con i dati del blocco.

Il primo minatore che ottiene un hash risultante entro l'intervallo desiderato annuncia la sua vittoria sul resto della rete. Tutti gli altri minatori smettono immediatamente di lavorare su quel blocco e iniziano a cercare di ottenere il numero misterioso per il prossimo. Come ricompensa per il suo lavoro, il miner vittorioso ottiene alcuni bitcoin.

Al momento della scrittura la ricompensa è 12,5 bitcoin ma dopo l'halving di maggio 2020 avremo il dimezzamento del block reward, con la ricompensa che scenderà a 6,25 bitcoin.

È bene sottolineare come ci siano molti nodi di *miners* in competizione per quella ricompensa e come sia tutta una questione di fortuna e potenza di calcolo (più calcoli si riescono ad eseguire e più le possibilità di indovinare sono elevate).

Inoltre c'è da considerare anche l'aspetto dei costi, infatti per gestire un *mining node* si dovranno sostenere dei costi elevati, a partire dall'hardware (se hai un processore più veloce rispetto ai tuoi concorrenti, hai una migliore possibilità di trovare il numero corretto prima degli altri) per finire con l'alto consumo di energia elettrica che questi apparati comportano.

Mi rendo perfettamente conto che questi sono concetti difficili da digerire e sto cercando di iper-semplificarli in modo che tu possa avere quantomeno un'idea generale sul funzionamento del mining e del bitcoin.

Quello che è importante sottolineare è la bellezza di tutto questo, infatti per la prima volta abbiamo un sistema che consente transazioni digitali convenienti, decentralizzate, affidabili e a prova di manomissione (nella foto una mining farm in Cina).

Il bitcoin e il problema della scalabilità.

La problematica si può riassumere con una singola affermazione: mentre il circuito Visa è in grado di processare indicativamente oltre 20.000 transazioni al secondo, il bitcoin ne può elaborare circa 7. Un bel problema per un sistema che ambisce a concorrere con i pagamenti in moneta fiat.

La soluzione di quella che è una debolezza intrinseca della moneta ha impegnato negli ultimi anni gli sviluppatori del Bitcoin core, nel tentativo di implementare aggiornamenti e upgrade della rete in grado di risolvere la questione.

Il problema principale nasce dalla progettazione stessa del bitcoin: Satoshi Nakamoto ha programmato i blocchi per avere una grandezza indicativa di 1 Mb al fine di prevenire l'intasamento del network.

Poiché per completare un blocco sono necessari circa 10 minuti, si riuscirà a elaborare un numero di transazioni relativamente basso e un aumento della domanda comporterebbe inevitabilmente un aumento delle commissioni di rete, riducendo l'utilità del bitcoin come metodo di pagamento (come già accennato nel corso del capitolo).

Una soluzione inizialmente sembrava essere quella dell'aumento delle dimensioni dei blocchi, ma con il tempo quest'idea è stata messa da parte dalla community perché considerata non praticabile.

Intanto non è stato trovato un accordo sulle nuove dimensioni dei blocchi (in alcune proposte si è arrivati anche a 32 Mb).

Inoltre buona parte del team degli sviluppatori sosteneva che l'aumento della grandezza dei blocchi avrebbe indebolito la decentralizzazione del protocollo: concentrando il *mining power* nelle mani di pochi, favorendo indirettamente le grandi *miner farms*, il numero di nodi in grado di eseguire una blockchain molto più pesante potrebbe diminuire, centralizzando la rete.

Un ulteriore problema è quello dell'aggiornamento del sistema: come si può eseguire un upgrade di una rete decentralizzata e accertarsi che tutti i partecipanti alla blockchain abbiano aggiornato il proprio software?

Alla fine la maggioranza degli sviluppatori ha optato per archiviare l'idea dell'aumento della grandezza dei blocchi, mentre una minoranza è rimasta del parere contrario: da questa controversia è scaturito l'Hard fork di fine 2017 che ha portato alla nascita di Bitcoin Cash (BCH).

BCH ha subito un ulteriore Hard fork il 15 novembre 2018 in seguito a una serie di controversie tra Roger Ver e Craig Steven Wright. In questo libro non intendo approfondire l'argomento, poiché ritengo Bitcoin Cash un progetto sopravvalutato. Quello che mi preme evidenziare è che il Bitcoin Cash non è il Bitcoin, ma semplicemente una delle centinaia di alternative *coins* del mercato (*altcoins*).

La soluzione: SegWit e il lightning network.
Grazie al Segregated Witness si è aumentata la capacità dei blocchi del bitcoin network senza modificarne la dimensione, alterando il modo in cui vengono memorizzati i dati della transazione.
SegWit è stato implementato nel bitcoin network tramite un soft fork nell'agosto 2017. Parallelamente si sta lavorando a un altro *upgrade* della rete, il Lightning Network.

Di fatto Ln è una sorta di infrastruttura, di protocollo, sul quale sarà possibile costruire svariate tipologie di applicazioni, aggiungendo layer di reti "sopra" quella bitcoin (un po' come internet, che nei primi anni '90 era agli albori e con il tempo vi sono state "costruite" sopra una miriade di applicazioni).

Gli aspetti principali dello sviluppo del Lightning Network sono:

- miglioramento della privacy: le transazioni all'interno di un canale Ln restano private, al contrario di quelle su blockchain;

- implementazione di smart contract e token (*tokenizzazione*) sul layer lightning network;
- possibilità di effettuare grandi quantità di microtransazioni immediate, idonee alle applicazioni IoT.

Lightning Network: canali per transazioni off-chain.
Due parti che desiderano concludere una transazione su layer Ln, devono creare un *multisignature* wallet (che richiede più di una firma per eseguire una transazione) e l'indirizzo associato sarà quindi salvato nella blockchain di bitcoin.

Tale passaggio abilita il canale di pagamento e le due parti possono ora condurre un numero illimitato di transazioni senza modificare le informazioni memorizzate sulla blockchain.

Con ciascuna transazione, entrambe le parti firmano un bilancio aggiornato che riflette sempre l'importo dei bitcoin presenti nei rispettivi portafogli.

Quando le due parti hanno completato la/le transazione/i, chiudono il canale e il saldo risultante viene registrato sul ledger.

È utile precisare come non sia necessario impostare un canale diretto per effettuare transazioni sul layer Ln: è possibile infatti inviare pagamenti sui canali dell'Ln tramite i nodi con cui si è connessi e la rete troverà automaticamente il percorso più breve.

Senza la sicurezza della blockchain alle spalle, comunque, l'effettuazione di transazioni non sarà garantita, il che implica che al momento l'Ln sarà in gran parte utilizzato per piccole e micro-transazioni che comportano un rischio inferiore.

Trasferimenti più ingenti che richiedono sicurezza decentralizzata continueranno a essere eseguiti sul layer originale.

Canali Lightning network a gennaio 2018.

Canali Lightning network a novembre 2019.

127

Mentre l'uso del bitcoin come mezzo di pagamento sembra aver preso una posizione secondaria rispetto al suo valore come asset di investimento per la riserva di valore, la necessità di un numero maggiore di transazioni al secondo è ancora importante.

Inoltre, considerando che siamo all'inizio dell'evoluzione delle valute digitali, lo sviluppo di nuovi aggiornamenti che ne migliorino la funzionalità, è fondamentale ai fini della realizzazione del potenziale della tecnologia sottostante.

Gli algoritmi del consenso: Proof of work (Pow) e Proof of stake (Pos).

Qualsiasi appassionato di tecnologia blockchain avrà sicuramente sentito parlare degli algoritmi per il consenso delle valute digitali e ultimamente si è acceso un confronto serrato su quale sia il migliore. L'algoritmo per il consenso più utilizzato è la Proof of work.

Come abbiamo visto nel corso del libro, la Pow è un algoritmo usato per confermare le transazioni e produrre nuovi blocchi sul network, con i *miners* che competono tra loro per verificare le transazioni in cambio di una ricompensa.

Mentre la Pow è l'algoritmo originale in una blockchain, la Proof of stake (Pos) nasce con l'obiettivo di migliorare la Proof of work, mirando a raggiungere un consenso distribuito.

Proof of work.
La Pow è un sistema che ha l'obiettivo di prevenire e neutralizzare gli attacchi informatici.

Gli utenti scambiano tra loro dei token digitali all'interno di una rete, che è un database decentralizzato in cui sono raccolti tutti i dati delle transazioni all'interno di blocchi, con i nodi che svolgono questo compito.

Come abbiamo già detto, il processo di "creazione" di una criptovaluta comporta la soluzione di un complesso puzzle matematico, che richiede una grande potenza computazionale.

Con la crescita del network, si avrà a sua volta un aumento della "difficoltà" (la soluzione del puzzle matematico) e della potenza di calcolo necessaria, infatti la velocità di elaborazione e l'efficienza della blockchain dipendono dalla velocità di risoluzione dei blocchi.

Ed è qui che si dovrà raggiungere il punto di equilibrio all'interno della rete, infatti la creazione dei blocchi richiederà più tempo con l'aumento della difficoltà, causando un rallentamento dell'esecuzione delle transazioni, ma al tempo stesso un eccessivo calo della difficoltà renderà il sistema vulnerabile ad attacchi Dos (Denial of service).

Il bitcoin, così come la maggior parte delle criptovalute, utilizza il sistema Pow e, all'interno della blockchain, la difficoltà viene regolata automaticamente dall'algoritmo così da consentire la soluzione di ogni blocco in un tempo medio di 10 minuti.

Punti di forza e criticità della Pow.

Denial of service: la Pow pone dei limiti a questo genere di attacco informatico, infatti per sferrare con successo un attacco D-Dos è necessaria una straordinaria potenza computazionale, tale da rendere troppo dispendiosa una sua esecuzione.

Mining "democratico": il quantitativo di monete possedute non è importante ai fini della creazione dei nuovi blocchi, ma l'unica cosa richiesta è un'adeguata potenza di calcolo per risolvere il problema matematico e fornire la Proof of work.

Quindi chi detiene grandi quantità di monete non ha un reale vantaggio nei confronti degli altri partecipanti della blockchain, come invece avviene con la Proof of stake.

Mining eccessivamente dispendioso: l'attività di mining richiede l'utilizzo di costosi e sofisticati hardware per eseguire i complessi algoritmi della rete e questo sta rendendo l'attività sempre meno profittevole, se non per grandi pool specializzati (con il rischio della formazione di veri e propri cartelli).

Inoltre, l'enorme quantità di energia consumata da queste macchine aumenta anche il costo per l'esecuzione degli algoritmi, con il relativo rischio di eccessiva centralizzazione della criptovaluta.

Attacco del 51%: è riferito all'attacco contro una blockchain in cui un gruppo di *miners* controlla più del 51% del mining *hashrate* della rete, in modo da assumere il controllo totale del network, con la possibilità ad esempio di monopolizzare la validazione dei blocchi estromettendo così gli altri *miners*, o di invalidare le transazioni.

Tuttavia, un attacco del 51% non è un'impresa redditizia. È richiesta un'enorme quantità di energia e, una volta reso pubblico l'attacco, la rete verrà etichettata come fraudolenta con un relativo deflusso di utenti. Di conseguenza, il valore delle monete sul mercato scenderà.

Proof of stake.
La Proof of stake si basa sul concetto che i *block producers* della blockchain possono validare un dato quantitativo di blocchi in relazione al numero di monete possedute.

Come abbiamo visto, nella Pow è richiesta una grande quantità di energia e di potenza e tempo di calcolo per validare i blocchi della rete e la Pos nasce con l'obiettivo di risolvere questo problema, assegnando la potenza di "mining" in base al numero di monete possedute dai partecipanti al network.

In questo modo, si eviteranno le famose competizioni per risolvere i problemi matematici della Pow.

Teoricamente, un block producer con l'1% della criptovaluta disponibile sarà in grado di validare l'1% dei blocchi.

In sintesi, la Proof of stake è un altro modo per convalidare le transazioni attraverso il consenso distribuito, un algoritmo con lo stesso scopo della Pow ma con una visione alternativa per raggiungere l'obiettivo.

Tutte le monete digitali saranno create inizialmente, dunque i block producers riceveranno come ricompensa le commissioni di transazione invece che alcune monete derivanti dai blocchi confermati.

Ricapitolando, nella Pos i "creatori dei blocchi" non useranno la potenza di calcolo per ottimizzare le loro capacità di mining, ma gli unici fattori responsabili di ciò saranno la percentuale delle monete che possiedono.

Punti di forza e criticità della Pos.

133

Risparmio energetico: la potenza di calcolo non influirà più sulla capacità di validazione dei blocchi.

Sicurezza dell'algoritmo: sono state mosse diverse critiche nei confronti del Pos da alcuni esponenti della community internazionale, i quali sostengono che in realtà non siamo di fronte al sistema di consenso distribuito ideale.

Ad esempio, in base al principio del "nothing in stake" (nulla in gioco) i block producer non perderebbero nulla dal votare diverse *chain history*, impedendo così il raggiungimento del consenso.

Oggettivamente questa è una criticità che dovrà essere risolta, se si vuole che la Proof of stake possa ambire al ruolo di alternativa più sicura alla Proof of work. L'algoritmo, dunque, dovrà essere inespugnabile come il suo predecessore, se non ancora di più.

RIEPILOGO DEL CAPITOLO 2

- SEGRETO n. 1: caratteristiche del bitcoin, decentralizzazione, base monetaria limitata, pseudo anonimato e divisibilità.

- SEGRETO n. 2: metodo di pagamento o riserva di valore. I principali *use cases* del bitcoin e l'inquadramento delle valute virtuali nelle legislazioni internazionali.

- SEGRETO n. 3: come acquistare bitcoin: le principali modalità di acquisto e di custodia delle nostre monete.

- SEGRETO n. 4: pagamenti con valute digitali: come scegliere le migliori app per effettuare transazioni e implementare pagamenti in criptovalute nei propri esercizi commerciali.

- SEGRETO n. 5: criptovalute e imposte: abbiamo analizzato l'orientamento dell'Agenzia delle Entrate e le maggiori criticità nell'attuale sistema di tassazione.

- SEGRETO n. 6: come avviene una transazione: gli upgrade del Bitcoin core per migliorare la scalabilità del network e i principali algoritmi del consenso, Pow e Pos.

Capitolo 3:
Il bitcoin e il sistema finanziario

La politica monetaria: dal gold standard alle valute fiat.
Una delle maggiori critiche che vengono rivolte al bitcoin e alle valute digitali è relativa alla mancanza di valore intrinseco, ma in realtà questa è una caratteristica di tutte le monete, comprese quelle di uso corrente come l'euro e il dollaro.

Torniamo al 1971. Fino a quella data il dollaro statunitense era interamente "coperto" dall'oro, infatti ogni dollaro emesso era totalmente convertibile in oro, dal momento che il valore in oro della moneta complessivamente emessa era pari alla quantità di oro conservata dalla banca centrale.

Il 15 agosto 1971 Nixon abolì la convertibilità del dollaro in oro, decretando di fatto la morte del sistema aureo e la nascita del sistema fluttuante creato dagli stessi Usa.

Fino a quel momento, le valute delle varie Nazioni del mondo erano convertibili in oro attraverso il dollaro, infatti nel caso una moneta sia convertibile in un'altra moneta a sua volta convertibile in oro, si parla di *gold exchange standard*.

Dal 1971, dunque, dietro al dollaro e a tutte le valute del sistema finanziario internazionale non c'è più nulla. In uno schiocco di dita, Nixon ha trasformato tutte le valute mondiali in *fiat currencies*.

In sostanza, tutta l'economia è basata sulle monete fiat, che non hanno valore intrinseco.

Se una moneta ha un valore intrinseco non troppo distante dal suo valore nominale, conserverà senza alcun problema il proprio valore nel tempo, grazie a un profilo di stabilità che la renderà meno soggetta all'inflazione.

Infatti, all'aumento della base monetaria in circolazione corrisponderà un'analoga crescita della ricchezza reale, almeno pari alla quantità di metallo prezioso messo in circolazione con la valuta stessa, per cui l'emissione di moneta con valore intrinseco sarebbe priva di effetti inflattivi.

Le monete fiat, al contrario, privano i cittadini della protezione contro l'abuso del potere di coniare moneta da parte del sistema politico o delle istituzioni di diritto pubblico (banche centrali) e contro i rischi d'inflazione che ciò comporta.

Tutte le Nazioni e banche centrali dalla crisi del 2008 in poi hanno utilizzato "le armi non convenzionali" della spesa in deficit, dell'aumento della base monetaria e dell'abbattimento dei tassi d'interesse, così da creare una massa di *cheap money* (denaro a buon mercato) che ha contribuito a formare un'enorme bolla del credito.

Questo castello di carta, ovviamente, è destinato a crollare. Basta vedere quello che è successo nel 2018 in Venezuela con il crollo del bolívar, dove le persone hanno iniziato da tempo la corsa verso quegli asset che garantiscono la protezione del valore dei propri capitali (oro, argento, obbligazioni).

In tale contesto è interessante sottolineare come anche le criptovalute, e principalmente il bitcoin, siano state acquistate esattamente con questo scopo. Infatti, la volatilità del mercato delle valute digitali non è nulla a confronto dell'iper-inflazione che ha falcidiato il bolívar e continua a distruggere le valute nazionali di quegli Stati in piena crisi monetaria.

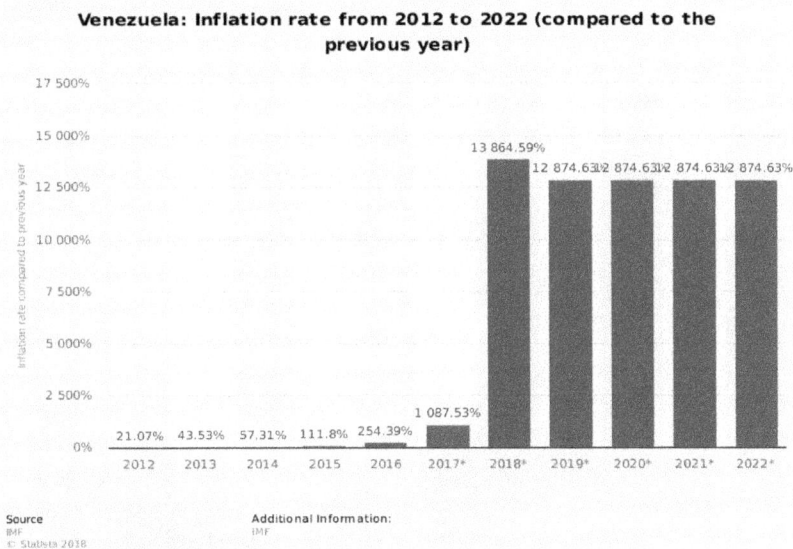

Venezuela: Inflation rate from 2012 to 2022 (compared to the previous year)

Se andiamo ad analizzare i volumi di trading sul bitcoin nei Paesi del Sud America (il grafico del Venezuela è nel capitolo 2), vedremo come questi ultimi siano progressivamente aumentati nel corso del 2018, fino ad arrivare al picco attuale.

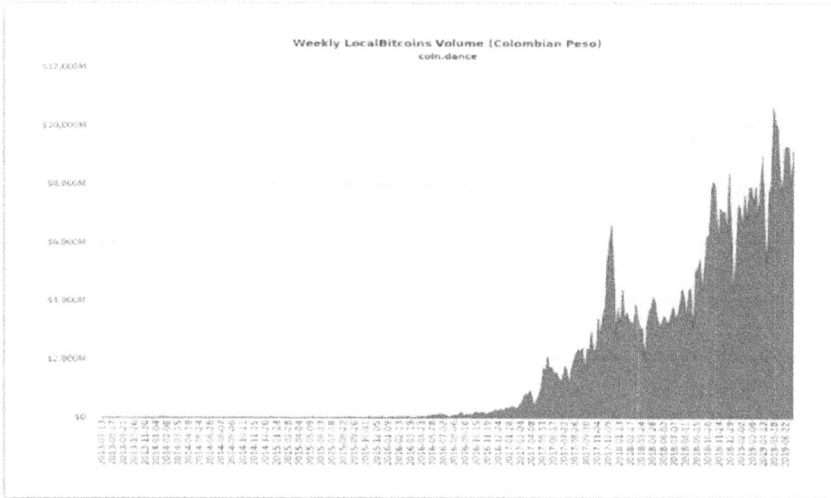

Weekly LocalBitcoins Volume (Colombian Peso)
coin.dance

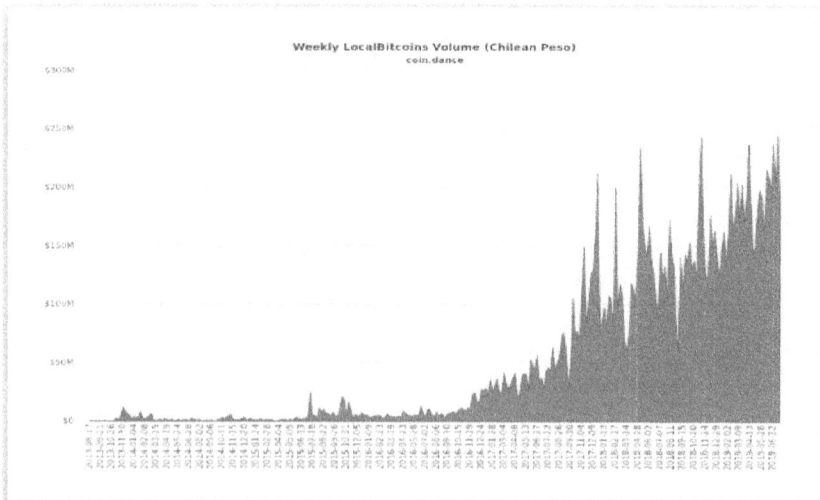

Weekly LocalBitcoins Volume (Chilean Peso)
coin.dance

Questo è il futuro di tutte le valute fiat, destinate a essere logorate dall'iperinflazione.

Le più esposte sono le monete dei Paesi emergenti e in via di sviluppo, mentre per le principali, come il dollaro o l'euro, il discorso è molto più complesso e articolato e nel medio lungo termine non c'è ancora un simile rischio.

Uno scenario realistico è quello in cui sempre più Paesi soffriranno una grave crisi economica e monetaria, dove assisteremo a una pesante fuga di capitali che confluiranno in valuta estera considerata più solida (il dollaro Usa per intenderci) in metalli preziosi e in tutti quegli asset anticiclici che consentono la protezione del valore in scenari caratterizzati da estrema inflazione.

Chiaramente quella parte di popolazione unbanked (che dunque non ha accesso o ha un accesso limitato al sistema finanziario) ricorrerà al bitcoin e alle valute digitali in qualità di asset per la riserva di valore.

Pensa che secondo la Federal Deposit Insurance Corporation (Fdic) solo negli Usa ci sono circa 10 milioni di famiglie senza un conto presso una banca o un altro istituto finanziario. E parliamo degli Stati Uniti.

Prova a immaginare il numero degli unbanked nel resto del mondo, magari nei Paesi in via di sviluppo. Secondo le ultime stime parliamo di quasi 3 miliardi di persone.

Pensa cosa succederà se anche solo una parte deciderà di entrare nel mercato delle valute digitali.

Il socio occulto: le banche.
Quando dobbiamo valutare la gestione dei nostri risparmi, è scontato rivolgersi a quello che consideriamo il nostro interlocutore naturale: la banca.

Tutti noi viviamo nella convinzione che i nostri capitali siano al sicuro sul nostro conto corrente e spesso siamo alla ricerca di strumenti finanziari che ci consentano di generare dei profitti.

CRISTIAN PALUSCI – BITCOIN FACILE

A tal proposito voglio chiarire alcuni aspetti. Sei davvero sicuro che i tuoi soldi siano custoditi fisicamente e per intero dalla banca a cui li hai affidati? La risposta è "no". Scopriamo perché.

La riserva frazionaria.
Iniziamo con la definizione di riserva frazionaria: "La percentuale dei depositi bancari che per legge la banca è tenuta a detenere sotto forma di contanti o di attività facilmente liquidabili. Tale riserva è l'insieme delle poste contabili che, in percentuale rispetto ai depositi, un istituto di credito non può erogare". Detta così non è molto chiara, vero?

Nel corso del capitolo ti spiegherò il funzionamento della riserva frazionaria con parole semplici ed esempi, considerato il fatto che parliamo di un argomento decisamente complesso.

Il *cash to deposit ratio* o rapporto contante/deposito che troviamo all'interno delle banche (non importa in quale Nazione tu viva, il sistema è sempre lo stesso) è a dir poco stupefacente.

Iper-semplificando il concetto (ma neanche troppo) possiamo affermare che la banca a cui hai affidato fiducioso i tuoi risparmi in realtà non ha i tuoi soldi sul conto deposito aperto a tuo nome.

Certo, se consulti la tua home banking vedrai il saldo del conto corrente corrispondere, ma realmente i tuoi soldi non sono nel caveau della banca dove dovrebbero essere.

Facciamo un esempio per comprendere bene il funzionamento perverso del sistema finanziario.

⊘ UniCredit

UniCredit Deposits:
€556,270,710,000
UniCredit Cash on Hand:
€13,857,831,000
Cash To Deposit Ratio:
97.50% of Deposits not covered
https://www.unicreditgroup.eu/content/dam/unicreditgroup-
eu/documents/en/investors/financial-reports/2016/4Q16/2016-
Consolidated-Reports-and-Accounts-General-Meeting-Draft.pdf ⌕

Questi dati sono estrapolati dal *Consolidated Reports and Accounts* per l'anno 2016 della Banca Unicredit (puoi scaricarlo dall'url indicato nella foto in alto) e come vedi il Cash to Deposit Ratio nel 2016 è stato del 97.50%.

Ciò significa che nell'anno di riferimento il 97.50% dei depositi non era coperto, dunque un correntista con un bilancio di 1000 euro depositato sul conto Unicredit realmente aveva 25 euro presenti nelle riserve della banca per coprire il suo deposito di 1.000 euro.

Ecco perché le banche sono terrorizzate da quella che viene definita corsa agli sportelli; semplicemente i nostri soldi, in buona parte, non ci sono. Infatti, se paradossalmente ci presentassimo tutti nello stesso giorno allo sportello per chiudere il conto e ritirare i nostri capitali, le banche non sarebbero in grado di restituirci i nostri fondi.

Tutto questo è possibile in virtù del sistema della riserva frazionaria, grazie al quale le banche sono autorizzate legalmente a detenere una frazione del totale dei depositi a garanzia degli stessi (nel caso di Unicredit abbiamo visto il 2.5%).

Una volta garantita questa riserva, le banche sono libere di investire come meglio credono il restante importo derivante dai depositi dei clienti (prestiti, acquisti di strumenti finanziari e quant'altro).

Detto in soldoni, le banche speculano e fanno affari letteralmente con i nostri soldi. Interessante vero?

In sostanza, dal momento in cui depositi i tuoi soldi su un conto corrente, li stai prestando alla banca che può farci ciò che vuole (infatti, in teoria dovresti percepire degli interessi sul deposito, anche se oggi parliamo di percentuali ridicole e in alcuni casi di tassi negativi).

Come si crea liquidità?

I contanti sono creati fisicamente dalle banche centrali, che stampano le banconote e acquistano obbligazioni. Attraverso questo scambio tra bond e moneta fisica, si inietta liquidità in circolazione.

Ad esempio, immagina una banca privata che vende le proprie obbligazioni alla banca centrale, ricevendo dunque nuova liquidità. Lo stesso discorso avviene per i bond dei vari Stati.

Da qui arriviamo al concetto di base monetaria, cioè l'insieme della moneta legale che costituisce il "contante" (banconote e monete metalliche che per legge devono essere accettate in pagamento) e delle attività finanziarie convertibili in moneta legale rapidamente e senza costi, all'interno del sistema economico.

La base monetaria, dunque il denaro fisico, è solo una parte di quella che in economia è conosciuta come Money Supply o capitale monetario, cioè il valore totale degli asset monetari disponibili all'interno di un sistema economico in un momento specifico (in sostanza questi asset monetari sono dati dalla valuta in circolazione, dai depositi a vista e dal credito).

Mi rendo conto che questi passaggi non sono semplici da assimilare, ma ti prometto che alla fine del capitolo avrai decisamente le idee più chiare.

Alcuni economisti sono arrivati a sostenere che meno del 10% di tutto il denaro in circolazione sia "fisico", cioè disponibile in monete o banconote.

Dall'analisi del rapporto contante/deposito che abbiamo esaminato in precedenza, è emerso come una buona percentuale dei soldi depositati nei nostri conti correnti presso gli istituti di credito in realtà siano solo dei numeri sullo schermo delle varie piattaforme e app di *home banking*, e che le banche non hanno contanti per "coprire" questi numeri.

A questo punto, la domanda sorge spontanea: "Dov'è il resto del denaro?"

Il meccanismo perverso della riserva frazionaria.

Ipotizziamo che tu abbia 1.000 euro in contanti e vada a depositarli presso la tua banca (primo deposito in alto a sinistra nell'immagine in basso).

Ovviamente quando aprirai l'estratto conto nella tua app, vedrai nel bilancio del conto corrente questi 1.000 euro. Ma cosa succede davvero?

THE BASIC FRACTIONAL RESERVE BANKING CYCLE

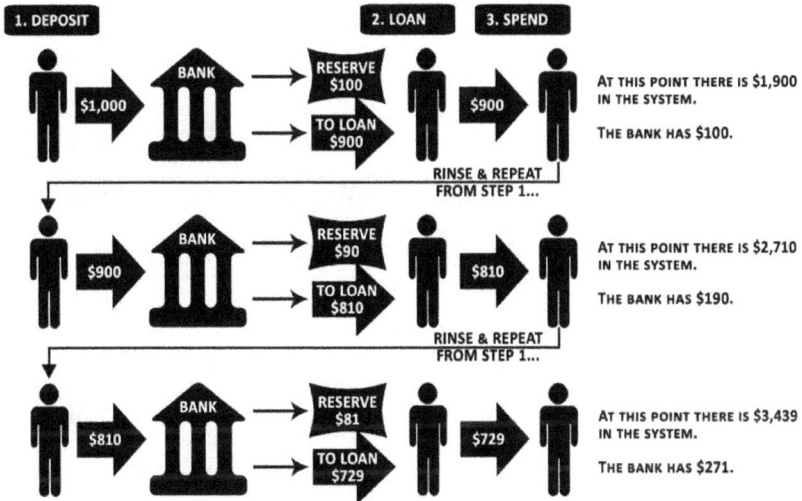

149

Nella realtà, grazie alla riserva frazionaria, hai prestato i tuoi 1.000 euro alla banca che potrà disporne a suo piacimento.

Infatti, come abbiamo visto in precedenza, le banche sono autorizzate legalmente a detenere solo una frazione del totale dei depositi a garanzia degli stessi.

Dunque, ipotizziamo che la tua banca tenga in riserva 100 euro: ma cosa farà con i restanti 900? Semplice, potrà prestarli a chiunque desideri. Quindi adesso avremo un altro soggetto che avrà ricevuto in prestito i "tuoi" 900" euro.

La persona che ha ricevuto il prestito ragionevolmente acquisterà qualcosa con questi soldi, dunque ipotizziamo che il venditore di questo bene o servizio ipotetico abbia ricevuto la somma di 900 euro.

Costui non vorrà tornare a casa con tutti questi soldi in contanti, dunque dove andrà secondo te? Ma in banca ovviamente. Infatti come tutti noi, vorrà depositare i "suoi" soldi nel proprio conto corrente.

Quindi il soggetto B depositerà i 900 euro nel suo conto corrente (che sia nella stessa banca o una diversa è indifferente) e se consulterà la sua app vedrà nel suo saldo totale questo importo.

Ma abbiamo visto che in realtà quei soldi sono una parte del tuo deposito da 1.000 euro, dunque a fronte di 1.000 euro iniziali adesso nel sistema bancario sono presenti 1.900 euro. Credo tu stia iniziando a capire quanto è perverso questo meccanismo.

Ma non finisce qui, perché se ripetiamo ad esempio dieci fasi di questo processo, alla fine 1.000 euro avranno generato all'interno del sistema bancario 9.000 euro, di cui 1.000 in contanti e i restanti 8.000 sotto forma di credito.

E abbiamo visto come il credito altro non è che denaro creato dal nulla grazie ai prestiti erogati attraverso i depositi nei conti correnti; solo un numero su un conto corrente, una cifra su uno schermo.

Questo è il meccanismo pazzesco grazie al quale le banche private generano il credito.

A causa di questa espansione incontrollata del credito avviene anche un *pump* artificiale della money supply, che è una diretta conseguenza di quei numeri estremi che abbiamo visto prima dall'analisi del cash to deposit ratio dei vari istituti di credito.

MONTE DEI PASCHI DI SIENA
BANCA DAL 1472

Monte Paschi De Siena Deposits:
€10,351,350,000
Monte Paschi De Siena Cash on Hand:
€821,900,000
Cash To Deposit Ratio:
92.06% of Deposits not covered
https://www.gruppomps.it/static/upload/_con/consolidated-interim-report-as-at-30-09-2017_print.pdf

Dati ricavati dall'Interim Report on Operations del Monte dei Paschi di Siena Group del 30 settembre 2017.

Vediamo come presso il Monte dei Paschi di Siena, secondo un rapporto rilasciato dallo stesso gruppo bancario, nel 2017 il 92.06% dei depositi non era coperto.

In sostanza il denaro viene creato dal nulla. Credo tu capisca quanto tutto questo meccanismo sia in realtà folle e criminale.

Le banche hanno il potere di creare capitali dal nulla, mentre tutti noi dobbiamo fornire una prestazione lavorativa (giustamente) per guadagnare denaro; forse è proprio questa la parte più odiosa di tutta la storia.

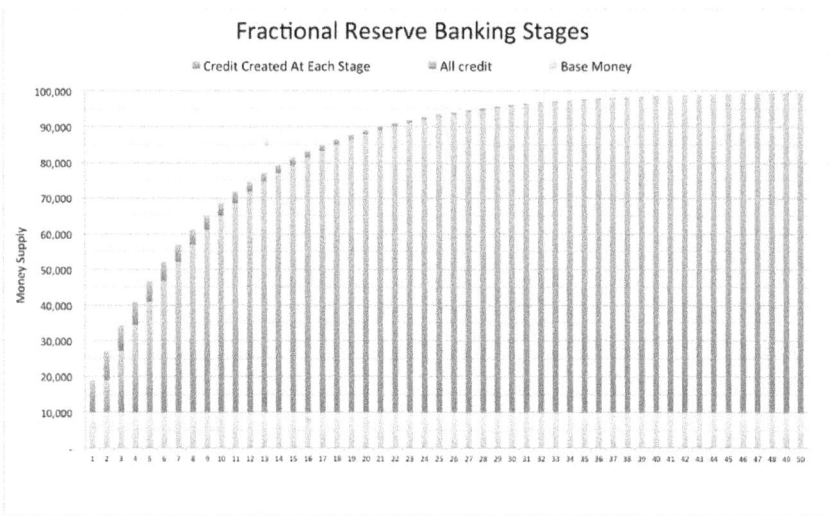

Nel grafico puoi osservare una proiezione del processo di riserva frazionaria ripetuto in più stadi, dove in verde abbiamo la *base money*, dunque il denaro fisicamente in circolazione, e in blu il credito che si crea attraverso questo meccanismo perverso.

Come si evince palesemente, il denaro contante attualmente in circolazione è solo una frazione del capitale monetario totale (o money supply).

Tutto il resto, tutto il denaro creato all'interno del sistema bancario privato, è chiamato credito ed è controllato dalle stesse banche.

Mi rendo conto che parliamo di un argomento estremamente complesso e che non è affatto semplice da digerire, ma ci tengo particolarmente affinché tu possa comprendere tutte le dinamiche che sono alla base del sistema finanziario attuale, in modo da apprezzare l'idea rivoluzionaria alla base del bitcoin, che per la prima volta ci permette di tornare realmente in possesso dei nostri capitali.

Il ruolo delle banche nel sistema economico internazionale.
Oltre ad avere il potere di creare il denaro dal nulla, le banche hanno un ruolo centrale nel sistema economico mondiale.

Il problema è che tutti gli istituti di credito più importanti sono collegati tra loro attraverso la detenzione dei rispettivi asset e se uno di loro entra in crisi o fallisce, innesca un effetto domino spaventoso che determina la crisi di tutto il sistema.

La storia è ricca di esempi in tal senso, infatti, ricordiamo la crisi del 1929, dove a causa del fallimento di una banca ne sono saltate circa 300, o il 2008 dove in seguito al fallimento della Lehman Brothers altre banche sono finite sull'orlo del crack, evitato solo grazie al massiccio intervento governativo che ha iniettato un fiume di liquidità nei relativi bilanci per "coprire i buchi", convincendo le persone che quella era l'unica strada percorribile.

Queste dinamiche sono ben note alle banche centrali dei rispettivi Paesi, infatti la stessa Federal Reserve in una sua pubblicazione dal titolo *Systemic Risk and Too Big To Fail* ha affermato che "la crisi finanziaria ha rivelato quanto le principali istituzioni finanziarie del mondo siano strettamente collegate attraverso una rete di prestiti a breve termine, garanzie di credito e altri contratti finanziari.

Queste connessioni pongono un rischio sistemico in quanto il fallimento di un grande e complesso istituto finanziario potrebbe farne crollare altri e minacciare il più ampio sistema finanziario.

La bancarotta di Lehman Brothers, una banca d'investimento di medie dimensioni, nel settembre 2008 ha rafforzato questi timori; il crollo della banca ha intensificato la pressione su tutti quei segmenti del sistema finanziario che dipendono da un flusso continuo di credito".

Volendo contestualizzare queste dinamiche nello scenario europeo odierno, abbiamo la Deutsche Bank, una delle più grandi banche al mondo, che negli ultimi due anni ha licenziato decine di migliaia di dipendenti su un totale di 100.000, oltre a registrare un pesante calo sul mercato azionario:

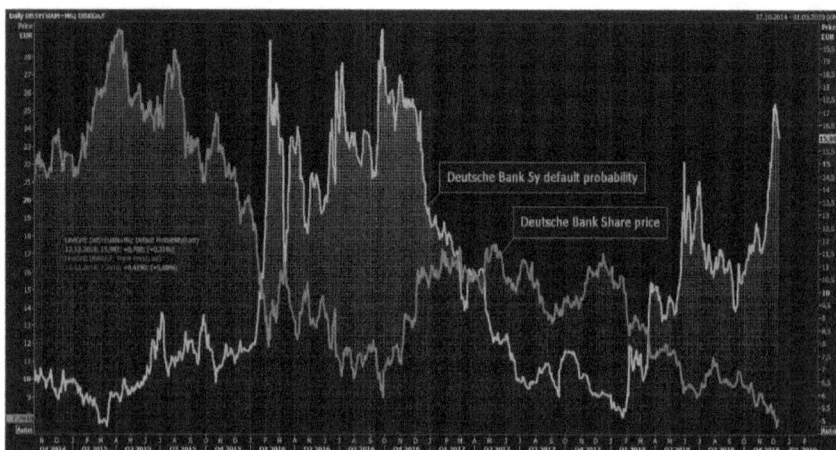

Se la Lehman Brothers, che era una banca di medie dimensioni, ha causato il disastro del 2008, cosa succederebbe in seguito al collasso della Deutsche Bank, sicuramente interconnessa con tutte le più grandi banche mondiali?

Nell'immagine successiva è stato sovrapposto l'andamento del titolo Lehman Brothers dal settembre 2006 all'ottobre 2008 (data del suo fallimento) con quello della Deutsche Bank da settembre 2016 a ottobre 2018 e come vedete il grafico è pressoché identico.

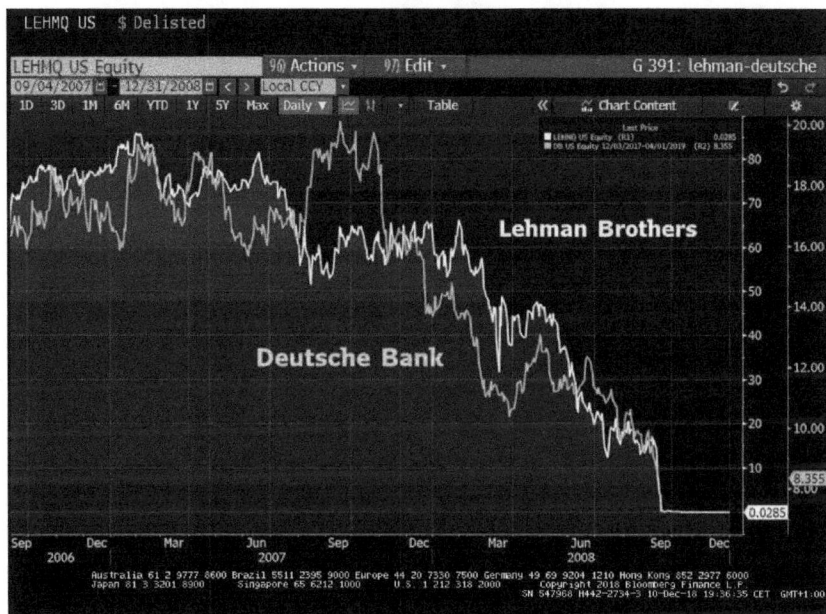

Certamente non un ottimo segnale, che ci restituisce uno scenario in cui un'altra banca troppo grande per fallire minaccia di innescare una crisi globale.

Leggiamo ancora un estratto del documento della Federal Reserve: "Di conseguenza i governi hanno spesso trattato le grandi banche come troppo grandi per fallire, impegnando fondi pubblici per assicurare il pagamento dei debiti di questi grandi istituti e salvandoli dal fallimento".

Ovviamente questo genera un grande problema, al di là degli aspetti etici: se queste grandi banche hanno infatti la garanzia che ogni loro eventuale "errore o problema" sarà coperto da fondi pubblici, continueranno a incrementare le loro esposizioni e i loro rischi, aumentando paradossalmente il rischio di un default rispetto a prima, perché avranno la consapevolezza che ci sarà qualcun altro a pagare i debiti.

Per rendersi conto di questo aspetto, basta osservare il primo grafico relativo alla Deutsche Bank in relazione alle probabilità di default nei prossimi 5 anni (linea arancione).

Le economie fortemente interconnesse sono le più vulnerabili agli shock.

Non solo le banche, ma tutti i principali settori delle economie dei Paesi più industrializzati europei sono interconnessi tra loro.

Uno studio del 2014 pubblicato su "Physical review E.", infatti, ha dimostrato come le economie europee con la maggior parte delle interconnessioni, come la Germania, siano le più vulnerabili alle crisi economiche in assenza di interventi governativi.

Secondo questa ricerca, quando si verifica uno shock economico i Paesi con i segmenti industriali più interconnessi hanno maggiori probabilità di fallire in assenza di sforzi governativi concertati.

I ricercatori hanno usato la teoria delle reti per studiare la diffusione degli shock economici da un settore all'altro attraverso legami commerciali inter-industriali all'interno dei 22 Paesi europei. I risultati suggeriscono che il pericolo per un'economia nazionale rappresentato dal fallimento di una specifica industria, dipende in gran parte dal numero di legami commerciali che l'industria ha e non esclusivamente sulla sua produzione totale.

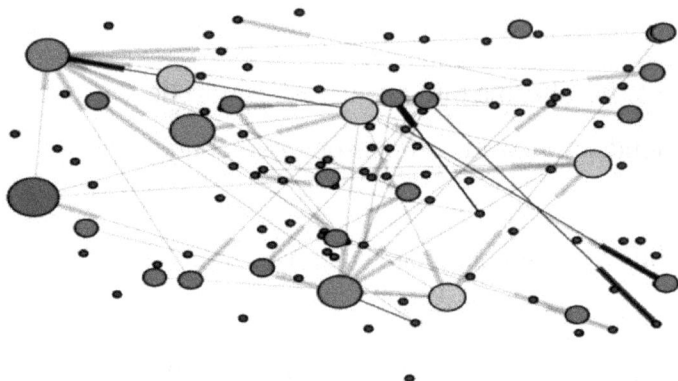

Nel 2017, un gruppo di ricerca ha esaminato specificamente gli effetti di uno shock economico su un sistema di industrie connesse.

Per uno studio di rete più approfondito, gli economisti Martha Alatriste Contreras della School for Advanced Studies in the Social Sciences di Marsiglia e Giorgio Fagiolo della Sant'Anna School of Advanced Studies di Pisa, hanno utilizzato dati disponibili al pubblico per costruire una rete di settori economici per ciascuno dei 22 Paesi europei.

I loro dati dall'Unione europea tracciano tutti gli acquisti e le vendite nel 2005 tra 59 diversi settori.

Alatriste Contreras e Fagiolo hanno applicato due diversi tipi di shock alla rete di ciascun Paese. In primo luogo, hanno creato un forte calo improvviso della domanda dei consumatori in un settore e ne hanno osservato gli effetti.

Ad esempio, un calo degli acquisti di case determinerebbe una minore domanda di mutui nel settore finanziario e una minore domanda di materiali da costruzione nel settore edile. Questi settori ridurrebbero a loro volta la domanda per altri settori con cui commerciano tradizionalmente.

Il team ha misurato gli effetti a livello nazionale simulando un simile shock su ogni settore. Successivamente, hanno applicato un cambiamento improvviso nella disponibilità di risorse per un settore specifico, che ha causato un calo della produzione industriale e quindi della domanda di materie prime (ad esempio un improvviso aumento dei prezzi del petrolio potrebbe causare uno shock simile).

I ricercatori hanno scoperto che i settori economici più interconnessi e con i maggiori collegamenti commerciali diffondono lo shock più in profondità e hanno il potenziale per causare una crisi nazionale.

Tuttavia, questi settori non sono quelli che ci si aspetterebbe. Ad esempio, i più importanti economisti ritengono che il settore manifatturiero sia tra i più importanti.

Ma secondo i risultati dello studio, i settori più importanti per la diffusione degli effetti degli shock sono quelli dei servizi, come i servizi alle imprese, l'edilizia e l'industria finanziaria. I settori più isolati, al contrario, non diffondono gli shock fino a questo punto.

Tra le conclusioni più interessanti a cui sono giunti gli studiosi, c'è quella secondo cui i Paesi con le maggiori economie, come Germania e Francia, sono i più vulnerabili alle crisi nazionali, proprio perché i loro settori industriali sono altamente sviluppati e interconnessi.

Soltanto un forte e deciso intervento governativo, che non è stato ancora contemplato nei modelli previsionali del team di ricerca, probabilmente ha salvato questi Paesi dal collasso nell'ultima recessione.

Ho deciso volutamente di dilungarmi nella spiegazione di questo studio per cercare di rendere chiaro come in un'economia internazionale così interconnessa i difetti e le storture del sistema economico che abbiamo evidenziato nel corso del libro non siano sanabili a meno di un crollo del sistema stesso, in uno scenario decisamente tra i peggiori che potremmo trovarci a fronteggiare, perché porterà miseria e disperazione per la maggior parte della popolazione.

Nel corso del capitolo andremo ad analizzare quelli che potrebbero essere i detonatori della prossima grande crisi economica, ma adesso continuiamo con l'analisi dei settori economici in relazione al contesto macroeconomico.

La bolla del settore immobiliare.
Il mercato immobiliare, con l'esclusione del crollo di dieci anni fa, è considerato da tutti un settore che gode di buona salute e in cui

investire per proteggere e rivalutare il proprio capitale: il buon vecchio mattone.

Niente di più sbagliato. Lo spunto per approfondire l'argomento mi è arrivato da un articolo del "Wall Street Journal" nell'estate del 2018, dove venivano illustrate le politiche messe in campo dall'amministrazione pubblica di Berlino al grido di "stiamo ricomprando la nostra città", per contenere il boom del mercato immobiliare che aveva causato un aumento dei prezzi di circa il 20% nel biennio 2017-2018 (fonte WSJ https://www.wsj.com/articles/berlin-aims-to-cut-its-residential-real-estate-boom-down-to-size-1530783001).

Molte altre città nel mondo hanno vissuto la stessa dinamica (Reykjavik, Vancouver, Francoforte, Monaco, Amburgo, Hong Kong, Budapest, Londra, New York, Stoccolma). Ci sono bolle immobiliari quasi ovunque.

Queste situazioni sono tutte la conseguenza delle politiche economiche messe in campo dalle istituzioni dei principali Paesi dopo la crisi del 2008. A tal proposito, diamo un'occhiata alla base monetaria in dollari americani secondo la Federal Reserve Bank di St. Louis, ossia al totale dei dollari in circolazione:

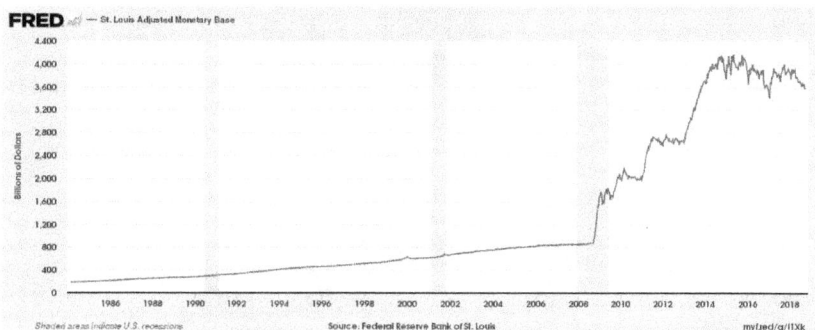

Dal 2008 vediamo come ci sia stato un aumento incredibile della monetary base, dunque dei dollari fisicamente in circolazione (che ha causato un aumento dell'inflazione).

La Fed e le banche centrali degli altri Paesi, dalla crisi del 2008 in avanti, hanno iniziato a stampare moneta in modo folle per fronteggiare la minaccia di una deflazione, gonfiando la base monetaria (stampando moneta) e abbattendo i tassi d'interesse, con il risultato di "dopare" ulteriormente la bolla dell'economia mondiale che era in procinto di scoppiare.

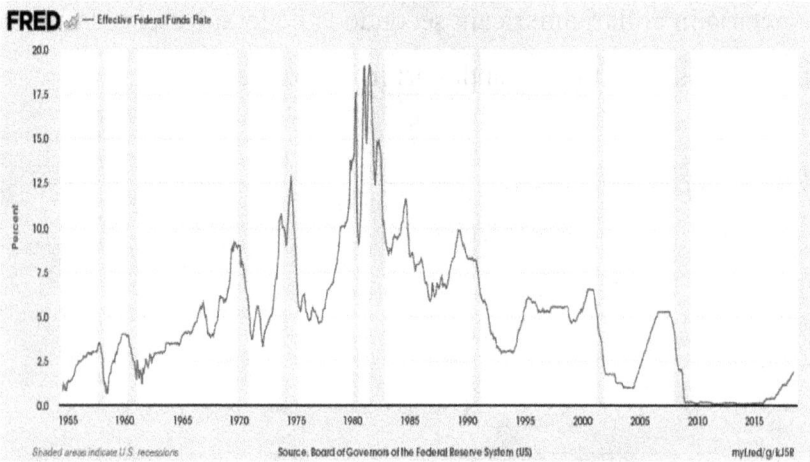

Dal grafico si evince che la Fed dal dicembre 2008 al dicembre 2015 ha portato i tassi d'interesse ai minimi storici, in prossimità dello zero (notate come dopo i minimi del 2003, dal 2005 al 2007, c'è stato un aumento considerevole dei tassi, che è stato una concausa dello scoppio della bolla immobiliare negli Usa).

Queste disastrose politiche monetarie non sono state tipiche solo degli Stati Uniti: la situazione nell'Unione europea è pressoché identica, infatti attualmente i tassi d'interesse dei principali Paesi sono a zero e, in alcuni di essi, addirittura negativi.

Historical   Data   API   Forecast   Alerts

ECB INTEREST RATE

Interest Rate | Europe

World   Europe   America   Asia   Africa   Australia   G20

Germany	0.00	Sep/19	0	4.75 : 0	%
Greece	0.00	Sep/19	0	4.75 : 0	%
Ireland	0.00	Sep/19	0	4.75 : 0	%
Italy	0.00	Sep/19	0	4.75 : 0	%
Latvia	0.00	Sep/19	0	4.75 : 0	%
Lithuania	0.00	Sep/19	0	4.75 : 0	%
Luxembourg	0.00	Sep/19	0	4.75 : 0	%
Malta	0.00	Sep/19	0	4.75 : 0	%
Netherlands	0.00	Sep/19	0	4.75 : 0	%
Portugal	0.00	Sep/19	0	4.75 : 0	%
Slovakia	0.00	Sep/19	0	4.75 : 0	%
Slovenia	0.00	Sep/19	0	4.75 : 0	%
Spain	0.00	Sep/19	0	4.75 : 0	%
Sweden	-0.25	Sep/19	-0.25	6.91 : -0.5	%
Denmark	-0.75	Sep/19	-0.65	15 : -0.75	%
Switzerland	-0.75	Sep/19	-0.75	3.5 : -0.75	%

167

Riflettiamo bene su questo aspetto. Ovviamente prestare una somma di denaro ha dei rischi intrinseci (mancata o parziale restituzione, fallimento o default del debitore) dunque i tassi d'interesse servono proprio a compensare questo rischio.

Ma ora che sono negativi, come verrà compensato il rischio? Capisci il paradosso a cui siamo arrivati?

Comunque, davanti a questo atteggiamento delle banche centrali che stanno utilizzando tassi d'interesse pari a zero (quando non negativi), è facile intuire come l'idea alla base di questa politica monetaria sia quella di evitare la deflazione continuando a gonfiare la bolla dell'economia mondiale, in modo che le persone continuino a spendere di più e indebitarsi.

In questo contesto, dunque, stampando moneta in eccesso con tassi d'interesse prossimi allo zero, la moneta stessa varrà molto poco e sarà più semplice ad esempio prendere in prestito soldi, speculare in transazioni immobiliari (l'attuale ed ennesima bolla immobiliare è figlia di questa politica) o comprare una nuova automobile, insomma comprare cose che non dovresti essere in grado di acquistare.

Attraverso questa politica della *cheap money* si crea e si alimenta la grande bolla del credito, perché appunto i soldi sono a buon mercato.

Di questa situazione sembra essersi resa conto l'amministrazione di Berlino che, secondo il "Wall Street Journal", per contenere l'attuale bolla immobiliare negli ultimi 2 anni ha raddoppiato il numero di distretti coperti dalle leggi anti speculazione che gli hanno permesso di bloccare le vendite private in favore di società statali o senza scopo di lucro, proibire la risoluzione dei contratti di locazione e persino vietare semplici ristrutturazioni, che potrebbero comportare affitti più alti.

Nel mese di giugno 2018 è stata annunciata la creazione di quattro nuovi distretti a Berlino soggetti a queste regolamentazioni. Tale provvedimento ha seguito quello di maggio che ha autorizzato il sequestro degli appartamenti vuoti.

CRISTIAN PALUSCI – BITCOIN FACILE

Dunque a Berlino i proprietari di immobili non sono autorizzati a vendere o affittare i propri appartamenti dopo aver effettuato una ristrutturazione, proprio per prevenire un aumento dei prezzi o dei contratti d'affitto.

È palese come tutto questo ormai abbia del paradossale. Ecco le conseguenze di un mercato ormai malsano e malato, dove c'è oggettivamente qualcosa di sbagliato e la responsabilità ricade tutta sulle spalle di quei governi e banche centrali che, con le loro scellerate politiche monetarie, fanno sì che l'inflazione continui a crescere senza che le persone possano percepirlo direttamente, anche se il loro potere d'acquisto viene letteralmente eroso.

Analizza attentamente le dinamiche di una bolla immobiliare: è qui che l'inflazione è visibile in tutta la sua brutalità. Tutto diventa sempre più costoso mentre gli stipendi non aumentano, anzi le persone vedono crollare il proprio potere d'acquisto.

Questo è il risultato finale dell'inflazione: i beni e i servizi diventano più costosi e non possiamo più permettterceli.

Secondo gli analisti del settore immobiliare e i principali magazine economici, presto avremo una nuova fase di stabilizzazione che rafforzerà il mercato.

Non sono affatto d'accordo. Questa attitudine a credere che i prezzi degli immobili possano continuare a crescere all'infinito, si è già rivelata fallace nel 2007.

Nella prossima foto (*Ubs Global Real Estate Bubble Index*) c'è l'elenco delle città a rischio di una nuova bolla immobiliare.

Ovviamente questo non è un fenomeno mondiale, ci sono molte realtà dove i prezzi sono ancora a livelli post-crisi 2008, ma questa cartina ci dà un colpo d'occhio immediato sulle aree più a rischio.

Comunque l'elemento di considerazione principale, è relativo al fatto che nella maggior parte delle grandi città, i prezzi delle case siano totalmente dissociati dai redditi medi degli abitanti.

Secondo l'indice Ubs, il rischio in determinate città del mondo è aumentato significativamente negli ultimi cinque anni. I prezzi reali delle case di queste metropoli all'interno della zona di rischio sono saliti di quasi il 50% in media dal 2011.

Negli altri centri finanziari, i prezzi sono aumentati di circa il 15%. Questo divario è totalmente sproporzionato rispetto alle differenze nella crescita economica locale e nei tassi d'inflazione.

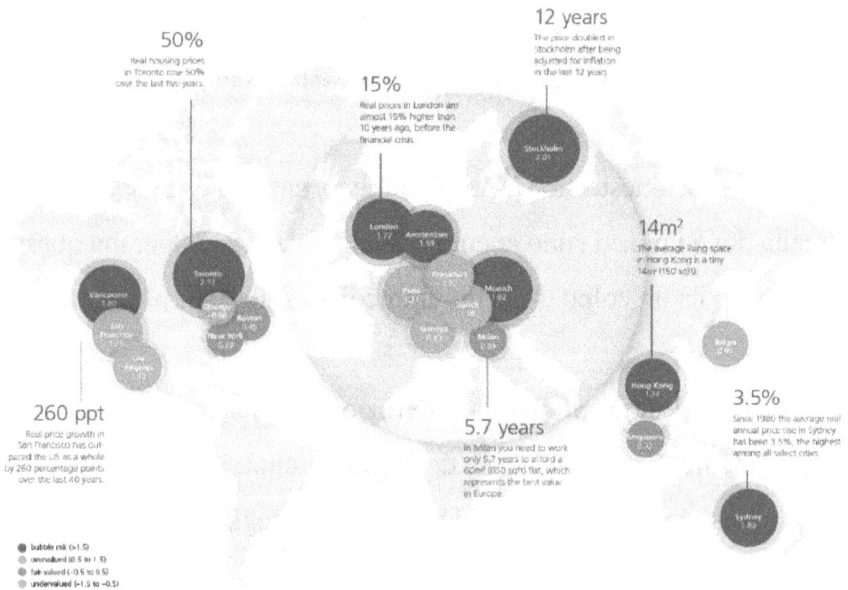

Naturalmente questo aumento incredibile è direttamente proporzionale agli investimenti esteri (grandi investitori o persone facoltose desiderose di investire parte del capitale in beni immobili considerati sicuri).

La percezione generale è che i centri finanziari del mondo siano il posto ideale per questo genere di affari. Dopo tutto, si tende a pensare che città di livello mondiale come New York, Londra e Hong Kong non passeranno mai di moda, ma ormai i loro centri urbani estremamente robusti e ad alta densità limitano l'offerta di beni di qualità da acquistare.

Questa situazione potrebbe portare presto a un calo degli investitori stranieri, scenario che fungerebbe da detonatore per lo scoppio della bolla.

Housing prices rising in almost all cities
Inflation-adjusted price growth rates, annualized in percent

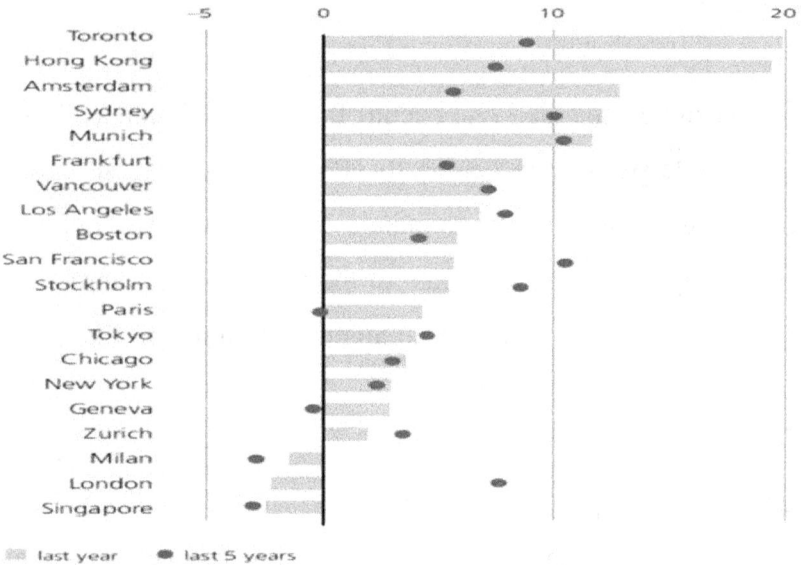

	−5	0		10		20

Toronto
Hong Kong
Amsterdam
Sydney
Munich
Frankfurt
Vancouver
Los Angeles
Boston
San Francisco
Stockholm
Paris
Tokyo
Chicago
New York
Geneva
Zurich
Milan
London
Singapore

▨ last year ● last 5 years

Dunque stiamo assistendo allo stesso scenario che ha portato alla crisi del mercato immobiliare di 10 anni fa, quando le persone si indebitavano con le banche per far fronte a dei costi degli immobili in continua espansione, fino a quando non sono state più in grado di sostenere e onorare il debito.

Questo anche perché i salari, falcidiati dall'inflazione, non consentono più di sostenere il costo medio degli immobili.

174

A tal proposito, chi negli ultimi tempi ha provato ad acquistare una casa negli Stati Uniti, avrà scoperto che è diventato sempre più difficile trovarne una a un prezzo sostenibile.

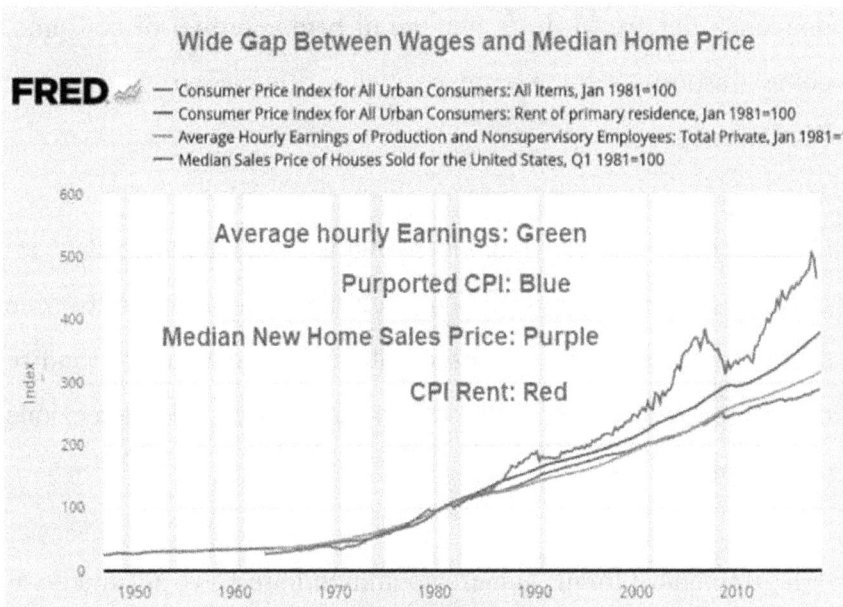

Il boom del credito che abbiamo analizzato nel corso del capitolo ha causato una grande inflazione e una contemporanea crescita del mercato immobiliare e di alcuni settori dei mercati azionari.

CRISTIAN PALUSCI – BITCOIN FACILE

Nell'immagine vediamo la linea viola che rappresenta il prezzo medio delle case in vendita, quella verde che ci indica la crescita media degli stipendi e quella blu che ci dà il presunto indice dei prezzi al consumo (il Cpi o Consumer Price Index esamina la media ponderata dei prezzi di un paniere di beni e servizi di consumo, come trasporti, cibo e cure mediche, allo scopo di misurare l'inflazione).

Ovviamente i panieri vengono manipolati agevolmente dai vari governi, infatti sarà sufficiente eliminare quei prodotti che subiscono un aumento di prezzo notevole per calmierare l'indice dei prezzi al consumo, allo scopo di abbassare la percezione dell'inflazione.

"Magicamente", infatti, il mercato immobiliare non è all'interno di molti Cpi, anche se dovrebbe essere uno dei primi parametri da valutare quando si tenta di misurare l'inflazione e il potere d'acquisto degli stipendi.

La dimostrazione plastica di come oggi sia impossibile far fronte all'acquisto di una casa semplicemente con le proprie forze e di come l'inflazione sia estrema, è data dagli enormi mutui a cui si deve accedere per entrare nel mercato.

Un sistema che si basa sul debito è destinato al collasso e prima o dopo assisteremo a una devastante crisi sistemica.

Una nuova recessione all'orizzonte?
A dieci anni di distanza dalla grande recessione, si profila all'orizzonte una nuova crisi.

I livelli dei mercati azionari sui massimi storici e la tendenza all'aumento dei prezzi del settore immobiliare rispecchiano lo scenario che ha preceduto lo schianto del 2008, quando, come abbiamo illustrato in precedenza, dopo un lungo periodo di tassi d'interesse molto bassi, la Fed negli Stati Uniti ha avviato una politica di aumento dei tassi (esattamente come è avvenuto in questi ultimi mesi, prima che il presidente Trump convincesse il presidente della Fed Powell a una parziale marcia indietro con il taglio di un quarto di punto a luglio, settembre e novembre 2019) impattando negativamente sulla ricchezza delle famiglie e sui consumi.

All'inizio del nuovo millennio, infatti, la Fed aveva ridotto i tassi d'interesse al minimo dell'1%, abbassando così gli interessi sui mutui e favorendo la crescita dei prezzi degli immobili di circa il 10% annuo.

Quando però la Fed nel 2005 ha iniziato ad aumentare i tassi, la bolla immobiliare è scoppiata nel giro di due anni.

Infatti, molte persone hanno visto lievitare i propri mutui e non sono più riuscite a farvi fronte, vedendosi così ipotecare le case. Le vendite delle proprietà pignorate hanno provocato un ulteriore calo delle quotazioni, portando l'indice nazionale dei prezzi delle case a diminuire del 30% in meno di tre anni.

Le banche che detenevano i mutui e i prodotti finanziari a essi correlati hanno visto crollare i rispettivi profitti.

Nel 2009 ben 140 banche statunitensi sono fallite e quelle che sono "sopravvissute", spaventate dall'acuirsi della crisi, hanno evitato di erogare nuovi mutui e prestiti alle imprese e addirittura si sono rifiutate di concedere prestiti ad altre banche i cui bilanci erano anch'essi in calo.

Il calo dei prezzi delle case dal 2007 al 2009 e la concomitante crisi dei mercati azionari, ha fatto crollare la spesa dei consumatori spingendo così l'economia in recessione e il crollo del credito bancario ha dato il colpo di grazia al sistema, contribuendo a rallentare la ripresa negli anni successivi.

Tornando all'attualità, la bolla immobiliare riscontrabile in alcune aree del mondo non è paragonabile a quella pre 2008, dunque il rischio principale è dato da un calo improvviso del mercato azionario che, unitamente alla crisi del debito delle famiglie, potrebbe indurre una nuova contrazione dei consumi e spingere l'economia in recessione.

Oggi i prezzi delle azioni sono alti perché sostanzialmente i tassi di interesse a lungo termine sono estremamente bassi.

Ad esempio, al momento della scrittura il tasso di interesse sui titoli del tesoro americano a 10 anni è all'1.74%, il che significa che il rendimento di queste obbligazioni al netto dell'inflazione è praticamente pari a zero, dunque la ricerca di maggiori rendimenti spinge gli investitori verso esposizioni più aggressive, alla ricerca di rendimenti più consistenti.

Ma, restando negli Stati Uniti, poiché è ormai pacifico che il deficit federale annuo esploderà nel prossimo decennio, occorreranno tassi di interesse a lungo termine sempre più alti per convincere gli investitori ad assorbire il debito con l'acquisto dei titoli di Stato.

Non sarebbe sorprendente vedere nel prossimo futuro il rendimento dei Treasury a 10 anni superiore al 3%, con il rendimento reale che, al netto dell'inflazione, passa da zero a quasi il 2%.

Secondo l'economista statunitense Martin Feldstein, man mano che i tassi d'interesse a breve e a lungo termine si normalizzeranno, è probabile che anche i prezzi azionari tornino sui livelli medi del rapporto prezzo/utili.

Se il P/E ratio (Price-Earnings Ratio) dello Standard and Poor's 500 regredisse alla sua media storica (oltre il 30% al di sotto del livello attuale), 10 trilioni di dollari della ricchezza delle famiglie verrebbero spazzati via.

Secondo Feldstein: "La passata relazione tra ricchezza delle famiglie e spesa dei consumatori suggerisce che un tale calo ridurrebbe la spesa annuale di circa 400 miliardi di dollari, riducendo il prodotto interno lordo del 2%.

Aggiungendo a questa crisi della spesa gli effetti sugli investimenti delle imprese, il rischio di veder piombare l'economia nuovamente in recessione è alto".

Quale scenario ci aspetta?
Solitamente le recessioni sono di breve durata, con una media di circa un anno tra lo scoppio della crisi e l'inizio della ripresa, poiché le banche centrali rispondono alla crisi tagliando bruscamente i tassi d'interesse.

Questa volta però le banche centrali dei vari Paesi non hanno praticamente spazio per una manovra simile (alla Fed va un po' meglio mentre in Europa siamo ancora in prossimità dello zero).

181

Si prevede che nei prossimi anni il disavanzo pubblico negli Usa dovrebbe superare il trilione di dollari annuo e che il debito pubblico federale salga dal 75% del Pil a quasi il 100%.

Anche da questo punto di vista all'Europa non va meglio, con i disavanzi pubblici degli Stati membri in costante aumento e i debiti pubblici sempre più sotto pressione.

In questo scenario, la prossima recessione potrebbe essere più lunga e profonda del solito e sfortunatamente non c'è nulla a questo punto che le banche centrali o qualsiasi altro attore governativo possano fare per evitare che ciò accada.

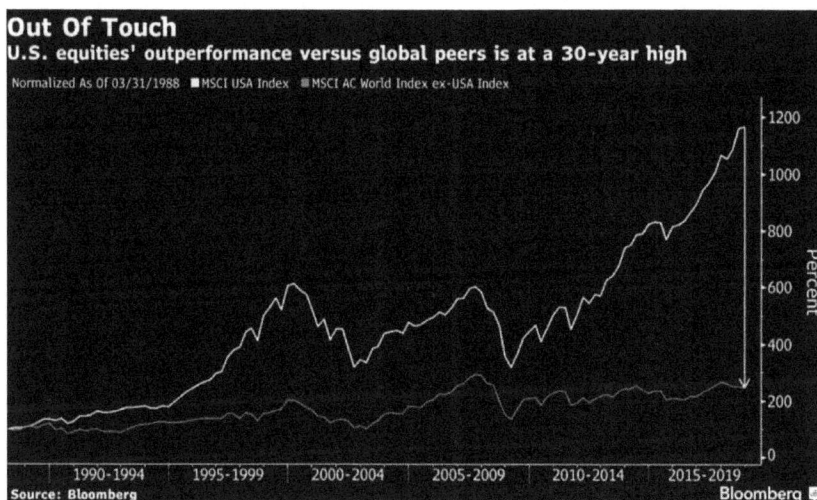

Out Of Touch
U.S. equities' outperformance versus global peers is at a 30-year high
Normalized As Of 03/31/1988 ■ MSCI USA Index ■ MSCI AC World Index ex-USA Index

Source: Bloomberg

Voglio chiudere con questa immagine, da cui si evince chiaramente come quella che ci è stata dipinta come una ripresa dei mercati dalla crisi di dieci anni fa, in realtà sia un'allucinazione collettiva, una sorta di fata morgana.

Infatti, questo vale solo per i mercati americani (linea bianca) mentre vediamo che nel resto del mondo l'*equity* dei mercati in realtà è in laterale dalla recessione del 2008.

183

Giusto per sfatare qualche falso mito. Ma come è stato possibile raggiungere questi massimi storici nell'azionario americano, in uno scenario economico-finanziario difficile come quello attuale?

Per capire queste dinamiche dobbiamo scendere nel cuore dell'economia americana e possiamo riassumere tutto con una semplice parola: debito.

Anche se tutto questo in un primo momento potrebbe non interessarci, dobbiamo capire che in un'economia internazionale dove tutto è interconnesso (come ho avuto modo di illustrare in precedenza) cercare di comprendere le dinamiche della società e dell'economia americana, che influenza direttamente i principali Paesi del mondo, è essenziale per avere un quadro generale esaustivo.

La bolla del debito.
Brexit, instabilità politica europea, bolla immobiliare, guerra commerciale in atto tra Usa e Cina, la crisi della Deutsche Bank e in ultima analisi, ma non per importanza, il debito dei consumatori ormai fuori controllo.

Proprio la crisi del debito potrebbe essere il *trigger event* che innescherà la prossima crisi economica.

La principale preoccupazione dal fronte degli Stati Uniti è senza dubbio rappresentata dal debito, che ormai sembra decisamente fuori controllo: infatti in molti segmenti sono stati superati i livelli pre-crisi 2008.

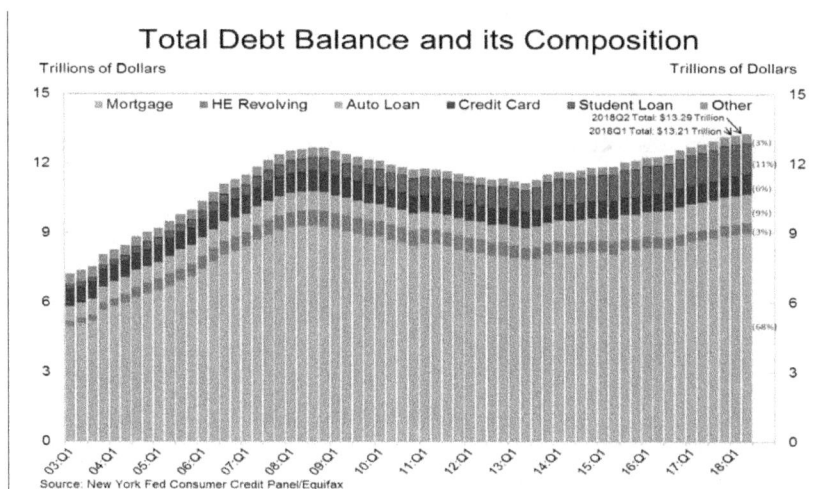

In tale contesto, siamo nuovamente immersi in uno scenario internazionale in cui le banche "too big to fail" rischiano di innescare una nuova recessione (il caso di Deutsche Bank è emblematico).

Partiamo dall'assunto che, come in tutto il mondo, anche negli Stati Uniti il sistema finanziario è fortemente influenzato dalla Banca Centrale, che svolge il ruolo di "stimolante artificiale" del mercato, ma le dinamiche descritte nel corso del capitolo evidenziano le criticità del sistema.

Inoltre, dato che tutto è interconnesso, gli investitori più esperti sanno perfettamente che se l'economia degli Usa vacilla, potrebbe innescarsi uno spaventoso effetto domino su tutti i mercati internazionali.

La storia si ripete.
Buona parte della crescita del Pil degli Stati Uniti è basata sul debito e, a più di dieci anni di distanza dallo scoppio della crisi del 2008 e del successivo salvataggio dei principali istituti di credito da parte del governo statunitense, la struttura delle grandi banche non è cambiata, infatti attualmente sono nelle stesse condizioni di undici anni fa: troppo grandi per fallire.

Per fronteggiare gli eventi post 2008, abbiamo già visto che la Fed ha utilizzato l'artiglieria pesante del *quantitative easing*, dopo aver azzerato i tassi di interesse e aumentato la base monetaria (oggi sarebbe impossibile riproporre quella strategia, dato che i tassi sono già molto bassi e la base monetaria ben al di sopra dei livelli post crisi).

Un aspetto da sottolineare è che mentre le banche sono state sostenute dal QE per tornare in una situazione finanziaria stabile, lo stesso non possiamo dire per i consumatori e le famiglie americane.

La cosa più grave a mio avviso è che questa grande iniezione di liquidità non è stata utilizzata per rilanciare l'economia reale, bensì per alimentare la speculazione di banche e grandi compagnie.

Anche le grandi società infatti hanno utilizzato questa enorme massa di danaro per effettuare il buy back delle proprie azioni, invece che per investimenti utili al miglioramento delle attività produttive o per l'adeguamento dei salari dei dipendenti.

Come si evince dalla foto, dal Q1 del 2010 il riacquisto delle azioni da parte delle società Usa ha avuto un costante trend al rialzo.

In sostanza, quando le aziende riacquistano le loro azioni, aumentano il valore e riducono il numero in circolazione delle stesse.

Stock Buybacks Have Boomed

Quarterly buybacks and dividends issued by S&P 500 firms. $ Billions. Source: S&P Dow Jones Indeces

■ Dividends ■ Buybacks

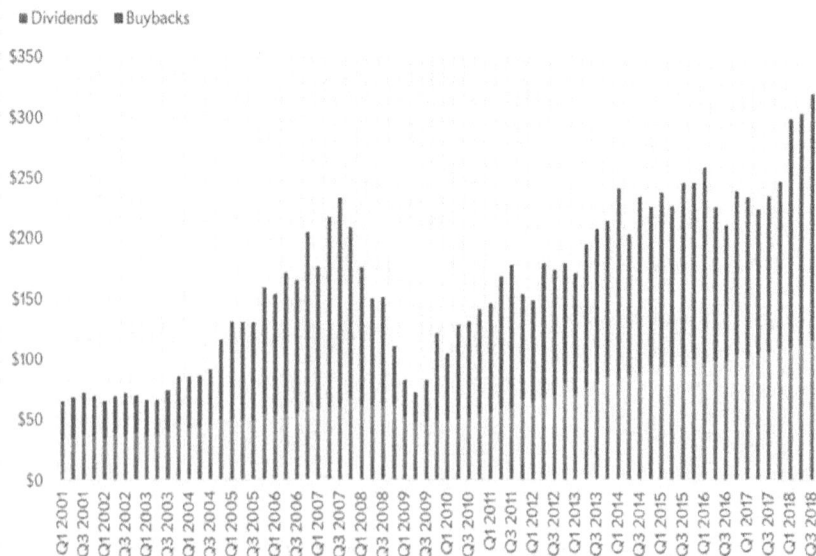

Questa pratica in passato era considerata una vera e propria manipolazione del mercato, ma nel 1982 la Securities and

Exchange Commission (la Consob Usa) sotto la presidenza Reagan ha cambiato le regole e da allora i riacquisti sono diventati gradualmente lo strumento principale con cui le società premiano gli investitori, superando di gran lunga i dividendi negli ultimi anni.

Una delle conseguenze nefaste dei riacquisti è che molte aziende hanno approfittato dei bassi rendimenti obbligazionari per indebitarsi nel mercato delle obbligazioni societarie, così da finanziare il buy back delle proprie azioni.

Ma quando le mutate condizioni monetarie causeranno un aumento dei rendimenti obbligazionari, la posizione delle grandi corporation potrebbe complicarsi seriamente.

Sempre più debito.
In tale contesto è palese come ci sia stata una grande sperequazione tra banche e società da una parte e famiglie e consumatori dall'altra.

Infatti, questi ultimi non hanno beneficiato della politica di espansione monetaria messa in campo dalla Fed nell'ultimo decennio ma anzi hanno dovuto indebitarsi e con tassi molto più alti rispetto a quelli riservati a banche e grandi compagnie.

Come ho già accennato all'inizio dell'articolo, negli Stati Uniti alcune aree del debito dei consumatori hanno raggiunto nuovi record.

Secondo un rapporto della Federal Reserve Bank di New York del novembre 2018, il debito totale dei consumatori è a livelli più alti rispetto alla scorsa crisi finanziaria.

Analizzare lo scenario socio-economico negli Stati Uniti è fondamentale, infatti un'eventuale crisi del debito oltreoceano potrebbe riverberarsi sui mercati europei e asiatici con una violenza ancora maggiore rispetto al 2008 e questo gli investitori lo sanno bene. Vediamo quali sono le aree più critiche del debito Usa.

Debito totale delle famiglie.
Lo stato del debito delle famiglie, tenuto conto del debito combinato all'interno di un nucleo familiare, continua a destare profonda preoccupazione.

Secondo uno studio della Fed, circa un quarto degli adulti negli Stati Uniti non ha risparmi da parte e il 41% afferma di non avere abbastanza denaro per far fronte a una spesa imprevista di 400 dollari.

Il livello generale del debito dei consumatori ha raggiunto un nuovo record di 13,29 trilioni di dollari rispetto al picco nel Q3 del 2008 prima dell'inizio della crisi e ha fatto registrare un +454 miliardi rispetto allo scorso anno.

Come si evince chiaramente dalla foto sulla composizione del debito totale, quest'ultimo è aumentato per 16 trimestri consecutivi e non sembra dare segnali d'inversione.

Debito delle carte di credito.
Il totale dei prestiti con carte di credito negli Usa è aumentato di 45 miliardi di dollari nel 2018, per un totale di 830 miliardi di dollari. Nonostante i bassi costi per le banche, il tasso d'interesse medio è del 15,5% (+3% in 5 anni), ma le persone continuano a utilizzare questa tipologia di prestito.

Il debito totale delle carte di credito revolving si attesta oltre 1 trilione di dollari, superando così il picco del 2008, e gli utilizzatori hanno pagato 104 miliardi di dollari di interessi e commissioni sono nel 2018, con un +10% rispetto al 2017 e un +35% negli ultimi 5 anni.

Ovviamente quando la Fed avvierà nuovamente una politica di rialzo dei tassi d'interesse, tutti i debiti associati diventeranno più costosi e la restituzione dei prestiti sarà a rischio.

In tale contesto, è incredibile come i consumatori non comprendano questo meccanismo, in una sorta di negazione della realtà. D'altronde è risaputo che le persone tendono sempre a rinviare i problemi, nella convinzione che con il tempo le cose andranno meglio e che "non succederà a me".

Questa stima ottimistica, unita all'aumento dei tassi d'interesse, potrebbe condurre nuovamente a uno scenario in cui molti debitori semplicemente non riusciranno più a far fronte ai debiti contratti, di fatto andando incontro al default.

Prestiti riservati agli studenti.

L'importo dei prestiti agli studenti è aumentato a 1,40 trilioni di dollari nel Q2 2018 e tale cifra è triplicata dall'inizio della crisi finanziaria nel 2008.

Questa tipologia di debito, dall'analisi del debito combinato delle famiglie, è la seconda più alta a carico dei consumatori.

L'enorme debito costringerà i neolaureati a lavorare per ripianare i costi della propria istruzione e, di conseguenza, si avranno meno soldi a disposizione per i consumi, il che inciderà negativamente sulla crescita economica complessiva.

Inoltre questo debito pregresso non ispirerà le nuove generazioni a intraprendere dei rischi imprenditoriali, lanciando magari una startup, ma le renderà molto più predisposte al risparmio e alla cautela.

Debito del settore auto.

Anche se l'aumento dei costi di produzione delle autovetture ha impattato negativamente sul settore, non ha dissuaso comunque i consumatori dal prendere denaro in prestito per l'acquisto di una nuova auto, infatti il debito totale in questo segmento è aumentato a 1,26 trilioni di dollari con un +48 miliardi di dollari in un anno.

Purtroppo molti prestiti erogati in questo settore sono della tipologia *subprime* (gli stessi tipi di prestito ad alto tasso che hanno innescato l'ultima crisi finanziaria) con la sola differenza che quindici anni fa venivano concessi in fase di sottoscrizione dei mutui per l'acquisto delle case.

I tassi d'insolvenza hanno già superato i livelli pre-crisi di 11 anni fa e quello delle auto è uno dei settori del debito a essere più in sofferenza e a destare maggiori preoccupazioni.

Cosa succederà quando il debito sarà insostenibile?
Come si evince dall'analisi delle principali aree del debito negli Stati Uniti, lo scenario è decisamente fosco e la crisi di uno solo dei settori analizzati in precedenza potrebbe innescare un effetto domino che condurrà allo scoppio della bolla del debito Usa con effetti catastrofici sui consumi e sui mercati finanziari e con lo spettro di una nuova recessione che si materializzerà d'incanto.

E questa volta l'arsenale a disposizione della Fed per contrastare la crisi sarà decisamente limitato, se consideriamo i tassi d'interesse già ai minimi e la base monetaria più che triplicata dai livelli di fine 2008 (un ulteriore aumento di liquidità in circolazione condurrebbe inevitabilmente a un eccesso di inflazione).

Forse è da leggere proprio in quest'ottica il tentativo di normalizzazione dei tassi e l'introduzione di una politica monetaria restrittiva (*quantitative tightening*) portato avanti dalla Federal Reserve dal secondo semestre del 2018, poi frustrato dall'amministrazione Trump che ha "convinto" la banca centrale a invertire la tendenza nel Q3 2019.

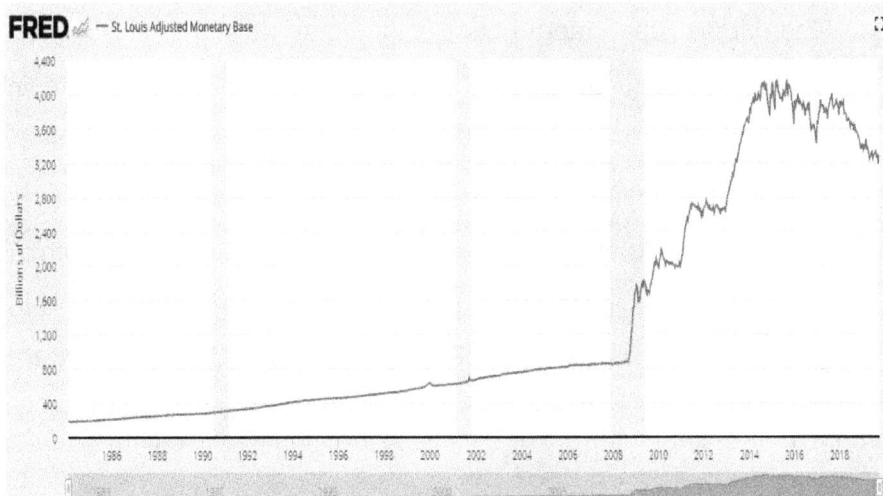

L'evento che potrebbe dare la spinta decisiva all'adozione del bitcoin e delle valute digitali: la crisi dei Paesi emergenti.

Ci sono molte Nazioni fuori dal duopolio Usa/Eu, meglio conosciute come mercati emergenti, le cui valute nazionali stanno rapidamente collassando sotto i colpi dell'iperinflazione.

Iran, Turchia, Venezuela, Zimbabwe e Argentina sono alcune delle Nazioni che stanno attraversando una severa crisi economica e monetaria e che recentemente hanno visto un incredibile aumento dei volumi di trading del bitcoin.

Uno dei principali motivi che stanno contribuendo al crollo delle monete nazionali di questi Stati viene dal debito denominato in valuta straniera.

Prendiamo la Turchia, che ha il suo debito pubblico denominato in Us dollar, il che significa che nel corso degli ultimi anni sono stati presi in prestito dollari dagli Stati Uniti con i tassi d'interesse molto bassi e il debito dovrà essere ripagato in dollari.

Ma cosa succede adesso, considerando che negli ultimi 5 anni la lira turca ha perso circa il 65% di valore nei confronti del dollaro (e che i dollari presi in prestito sono stati già spesi per costruire scuole, pagare stipendi pubblici e reinvestiti per rifinanziare ulteriormente il debito)?

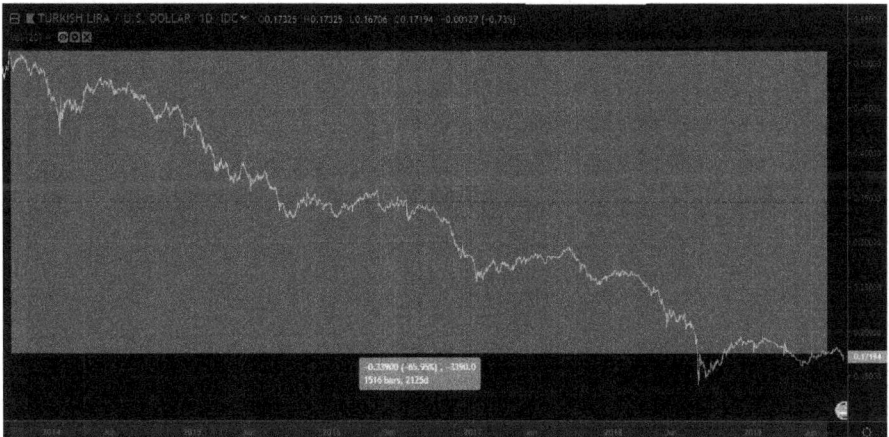

Sostanzialmente, restituire il prestito sarà molto più costoso. Così lo Stato turco sarà costretto a rifinanziare il debito, in un terribile circolo vizioso.

Questa situazione chiaramente metterà una pressione tremenda sulle Nazioni coinvolte, che si trovano di fronte a uno scenario che porta inesorabilmente verso il default, non essendo più sostanzialmente in grado di ripagare il proprio debito.

E qui subentra un altro meccanismo infernale: la Nazione che non si vedrà restituire il prestito magari ha bisogno di quei soldi per pagare a sua volta un debito verso un altro Paese, perché forse gran parte del bilancio sarà impegnato in asset e prestiti (così da generare altri interessi). In questo modo si verrà a creare un buco enorme nel bilancio dello Stato.

Ho fatto l'esempio della Turchia e in precedenza del Venezuela, ma ci sono molte Nazioni nel mondo che stanno affrontando questa crisi del debito, derivante da una crisi monetaria.

Anche l'Argentina negli ultimi anni sta vivendo una forte svalutazione del peso (circa -83% dall'inizio del 2016) e anche in questo caso i volumi di trading del bitcoin hanno registrato un deciso aumento.

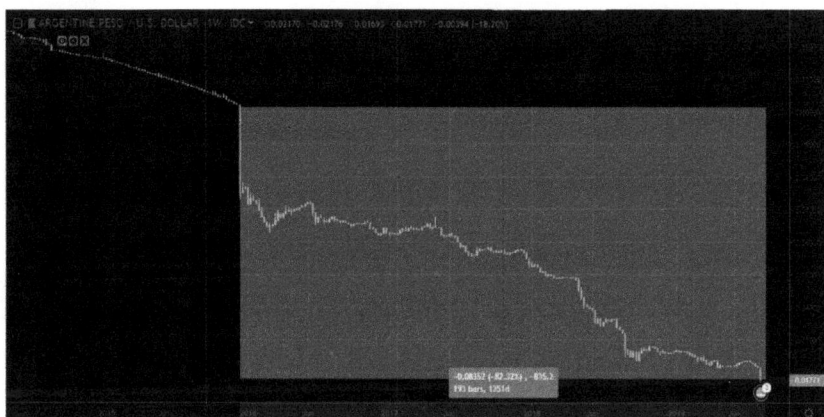

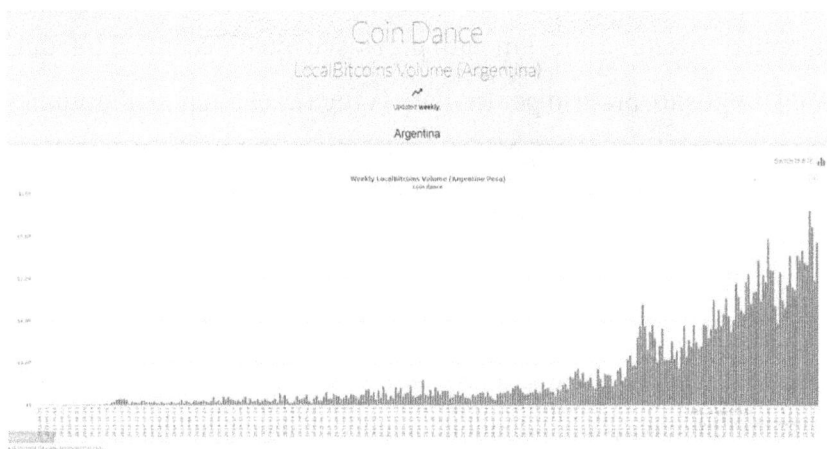

In un tale contesto gli abitanti di queste Nazioni inizieranno a perdere fiducia nei confronti delle proprie istituzioni e delle rispettive valute nazionali, che continueranno a perdere valore, minuto dopo minuto, sotto i colpi dell'iperinflazione.

E inizieranno a vendere i propri risparmi in asset che gli garantiranno il mantenimento o l'incremento del valore del proprio capitale nei confronti del dollaro, l'unica valuta fiat che attualmente sembra risentire di meno di queste dinamiche.

In questi casi, gli asset preferiti sono le obbligazioni di entità statuali o società solide, i metalli preziosi e più di recente il bitcoin. A tal proposito, proprio per limitare la fuga di capitali, nell'autunno 2019 il governo argentino ha fissato a 200 dollari mensili la soglia per l'acquisto di valuta estera e ha vietato l'acquisto di criptovalute tramite carta di credito.

Questa situazione dunque ha portato sempre un maggior numero di persone che vivono nei Paesi colpiti dalla crisi monetaria a rifugiarsi nelle criptovalute, che vengono utilizzate con la doppia valenza di riserva di valore e di mezzo per effettuare transazioni.

Tra gli asset che svolgono la funzione di riserva di valore, il bitcoin è quello più facilmente accessibile dalla massa delle persone (è sufficiente una connessione internet), contrariamente all'oro, alle obbligazioni o allo stesso dollaro, che hanno delle notevoli barriere d'accesso per quella parte della popolazione underbanked, cioè senza un accesso (o con un accesso limitato) al sistema finanziario e bancario. Ecco dunque spiegato il boom a cui stiamo assistendo.

Abituati come siamo al bombardamento dei media *mainstream*, che ci dipingono in continuazione il bitcoin come rischioso, inaffidabile ed estremamente volatile, queste affermazioni possono suonare strane.

Ma ti assicuro che per un Paese come il Venezuela, che viaggia a un tasso d'inflazione del 2.8% giornaliero, le oscillazioni del bitcoin sono acqua fresca.

Bitcoin: da moneta di scambio ad asset per la riserva di valore.
In tale contesto, nel corso del 2019 la percezione del bitcoin da parte degli operatori istituzionali e dei grandi fondi d'investimento è mutata radicalmente.

Infatti, nelle testate giornalistiche internazionali più importanti sono comparsi diversi approfondimenti in merito al ruolo del bitcoin come riserva di valore e lo stesso presidente della Federal Reserve Powell, in un'intervista nell'estate del 2019 ha sottolineato come a suo modo di vedere il bitcoin presenti proprio un profilo simile.

Ora, per ovvie ragioni di spazio, non è questo il contesto idoneo per approfondire l'argomento, ma per concludere il discorso pubblicherò di seguito i grafici logaritmici settimanali dell'oro e del bitcoin dal 2011 a oggi e desidero lasciare al lettore le valutazioni del caso, nella convinzione che niente meglio dei grafici, al di là di tutta la retorica, riesca a rendere giustizia alla vera forza di un asset.

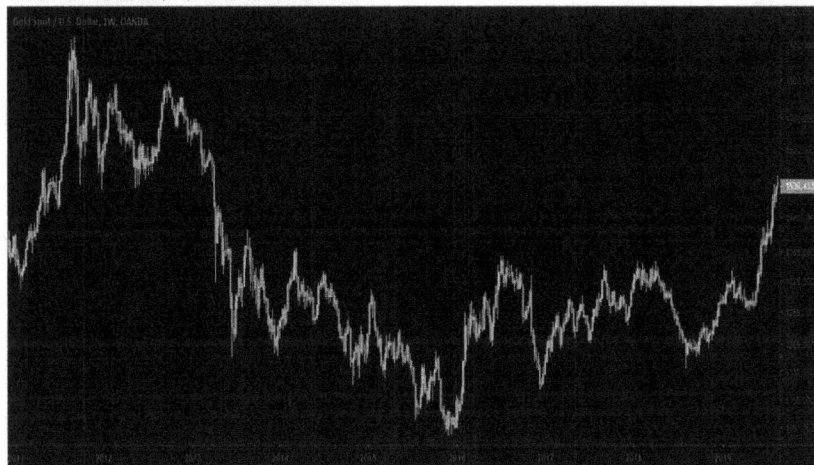

Grafico settimanale dell'oro.

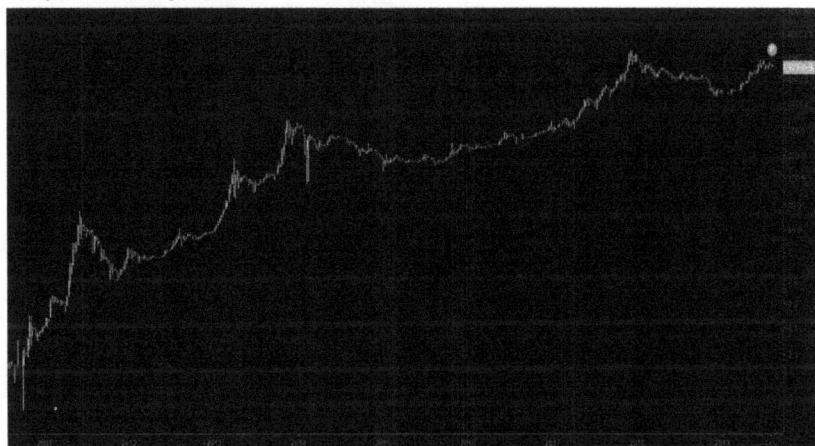

Grafico settimanale del bitcoin.

Ritengo che la situazione macroeconomica internazionale descritta nel corso del capitolo si aggraverà sempre più e colpirà molti altri Paesi, che inevitabilmente finiranno in un default strutturale alimentando quella che potrebbe essere una nuova ondata di crisi economica, la quale andrà a colpire anche i mercati finanziari europei e atlantici.

Se consideriamo che proprio Usa e Unione europea sono tra i più grandi finanziatori degli Stati attualmente in crisi monetaria, è facile dedurre come anche i grandi mercati occidentali saranno inevitabilmente contagiati da questa dinamica.

E tutto questo potrebbe spingere il bitcoin, molto presto, verso nuovi massimi storici.

RIEPILOGO DEL CAPITOLO 3:

- SEGRETO n. 1: dal Gold standard alle valute Fiat: con la nascita del sistema fluttuante, il sistema finanziario può creare moneta a proprio piacimento, a danno dei cittadini.

- SEGRETO n. 2: il ruolo delle banche: abbiamo visto come le banche creano denaro dal nulla attraverso il meccanismo della riserva frazionaria e del credito.

- SEGRETO n. 3: il mito del libero mercato: in realtà le economie fortemente interconnesse sono più vulnerabili agli shock sistemici.

- SEGRETO n. 4: la bolla del settore immobiliare. In molte città si ripropone lo stesso scenario che ha portato allo scoppio della bolla immobiliare del 2007-2008.

- SEGRETO n. 5: una nuova recessione all'orizzonte. Abbiamo esaminato lo scenario macroeconomico e visto come le politiche economiche e monetarie internazionali stiano in realtà portando verso il baratro molti Paesi.

- SEGRETO n. 6: il bitcoin rifugio dall'iper-inflazione. Nei Paesi in piena crisi monetaria, i cittadini *underbanked* si rifugiano nel bitcoin per tutelare i propri risparmi.

Capitolo 4:
Investire in bitcoin

Se hai già acquistato dei bitcoin e vuoi sapere quanto valgono le tue monete in relazione a una determinata valuta, o semplicemente vuoi effettuare una serie di compravendite (trading) per massimizzare i profitti e realizzare delle plusvalenze, dovrai confrontarti con i grafici dei prezzi e comprendere almeno la terminologia tecnica di base del mondo finanziario e questo, per un principiante, può essere piuttosto difficoltoso.

In questa breve guida voglio fornirti gli elementi basici per iniziare a familiarizzare con i grafici del bitcoin e ti prometto che alla fine del capitolo sarai in grado di controllare in completa autonomia l'andamento delle quotazioni e di padroneggiare gli elementi basici di analisi tecnica, utili alla comprensione dei grafici.

Per ulteriori approfondimenti ti rimando a tradingview, un tool gratuito dove è possibile visualizzare i grafici di tutti gli asset

CRISTIAN PALUSCI – BITCOIN FACILE

scambiati nelle borse mondiali, tra cui appunto le criptovalute http://bit.ly/tradingview3X.

Come interpretare i grafici.

Una delle prime competenze che dovrai sviluppare per iniziare a operare nel settore delle valute digitali, è la lettura dei grafici che troverai nelle varie piattaforme di scambio (Coinbase, Binance, Bitfinex, Kraken ecc.).

Grazie a loro, infatti, oltre ad avere un riscontro visivo dell'andamento dei prezzi, potrai impostare le tue strategie di investimento e di trading.

Nel corso del capitolo troverai degli estratti del corso di analisi tecnica compreso nel percorso di formazione del Club Bitcoin 3X, il nostro gruppo esclusivo dove abbiamo preparato un percorso formativo a base di videocorsi (tra cui anche quello sull'uso di tradingview) e lezioni in pdf adatto ai neofiti e che passo dopo passo ti porterà ad acquisire le competenze necessarie per operare in completa autonomia e serenità.

All'interno del Club condividiamo anche i nostri portafogli a lungo e medio termine e tutte le operazioni di trading, oltre a fornire supporto continuo grazie al forum di discussione e assistenza h24 tramite help desk dedicato (qui puoi sfruttare il bonus riservato a chi ha acquistato questo libro, che prevede una settimana di prova gratuita http://bit.ly/ClubBitcoin3X-omaggio).

Prima di passare alle lezioni voglio fare una premessa: per ragioni di spazio questo non sarà un corso avanzato (se vuoi approfondire, troverai tutto il materiale all'interno del nostro Club) ma lo scopo dei successivi paragrafi sarà quello di fornirti gli strumenti di base che ti consentano di comprendere la struttura del mercato e di iniziare a operare in autonomia. Adesso tuffiamoci nei grafici.

Candele, timeframe e trend.
Questi tre aspetti sono fondamentali, poiché ci consentono di leggere il mercato e di poter effettuare un'analisi iniziale. Ma che cos'è una candela?

È una rappresentazione grafica delle informazioni che il mercato ci dà in un determinato arco temporale (*timeframe*).

Le candele possono essere di due tipi. Ascendenti e discendenti.

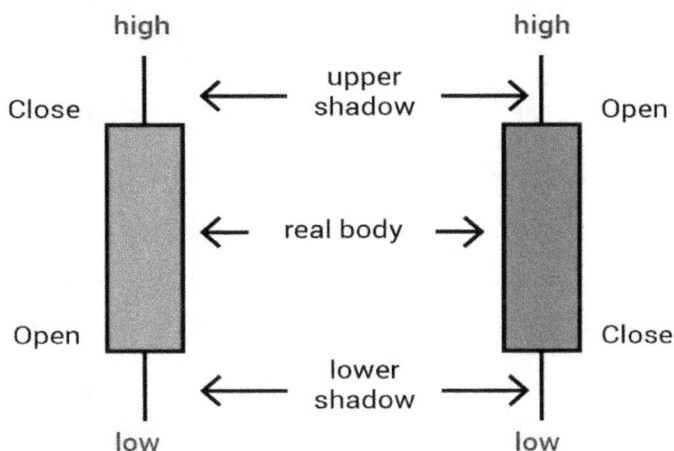

Il corpo (body) della candela è racchiuso tra i prezzi di apertura e chiusura mentre le ombre (*shadow*) coincidono con il massimo e il minimo del timeframe di riferimento.

In caso di timeframe daily (giornaliero) avremo apertura, chiusura, massimo e minimo delle 24 ore a cui si riferisce la candela.

È chiaro che le informazioni "racchiuse" in una candela con timeframe 15 minuti saranno diverse da quelle di una candela giornaliera.

Mi piace fare sempre un esempio relativo alla formula 1 per rendere bene l'idea (da grandissimo appassionato di motori quale sono). Secondo te, per valutare la prestazione di una monoposto, sarà necessario considerare l'intertempo di un settore o il tempo sull'intero giro? Ovviamente la seconda opzione.

Lo stesso discorso vale per l'analisi dei vari timeframe. Fare trading intraday su grafici inferiori all'ora è tremendamente complicato, in quanto dovremmo affrontare una serie di dinamiche fuorvianti e falsi segnali, che renderebbero le informazioni di bassa qualità.

Provo a chiarire il concetto con un esempio.

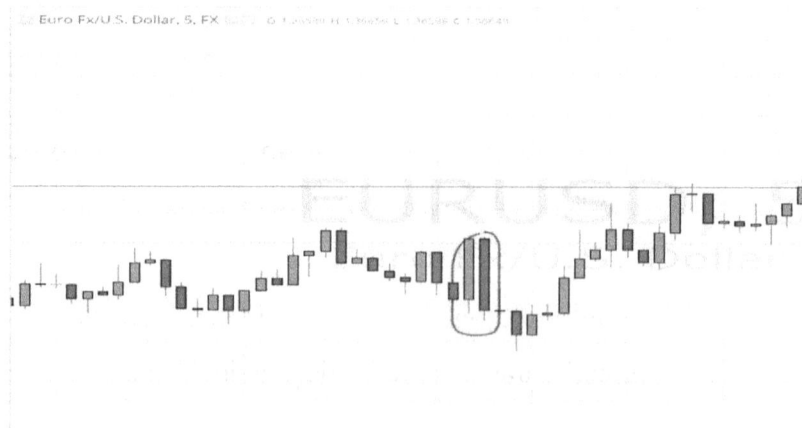

Questa è una formazione ribassista molto potente (*bearish engulfing*). La seconda candela apre sulla chiusura della prima ma va in senso opposto, inoltre rompe il minimo della precedente e chiude sotto l'apertura della stessa.

Il tutto è avvenuto su un timeframe molto basso (5 minuti). Quindi l'intera dinamica si è verificata effettivamente in dieci minuti e il pattern non ha prodotto il ribasso che immaginavamo.

Ora vediamo la stessa formazione su un timeframe giornaliero.

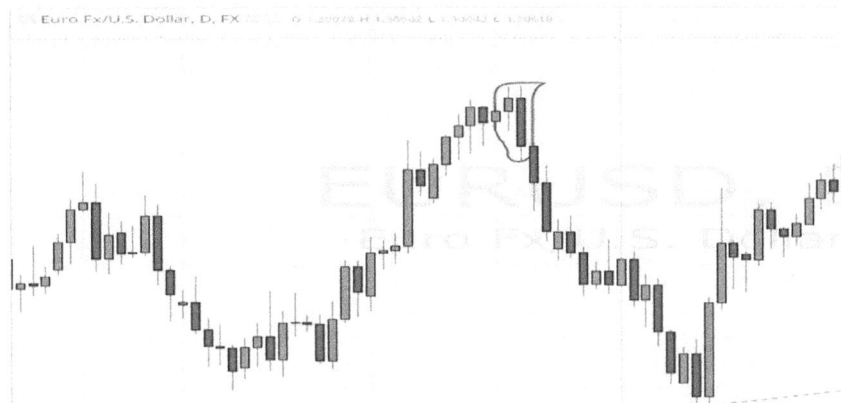

Decisamente un'altra storia. Infatti, vediamo come nel grafico giornaliero quella formazione ribassista così potente abbia in effetti innescato un pesante calo della quotazione.

Questo per chiarirti bene il concetto relativo ai falsi segnali: più l'arco temporale di riferimento è basso, più c'è il rischio di imbattersi appunto in informazioni fuorvianti.

È di fondamentale importanza imparare a distinguere la qualità delle informazioni.

I trend.
Un trend è un movimento prolungato, una dinamica del prezzo che assume una direzione ben precisa.

La linea a sinistra segue un trend discendente, quella a destra un trend ascendente.

Una terza tipologia di trend esiste, o meglio non esiste: *il ranging*, cioè la situazione in cui il mercato non ha una direzione chiara, ma oscilla all'interno di un canale orizzontale definito.

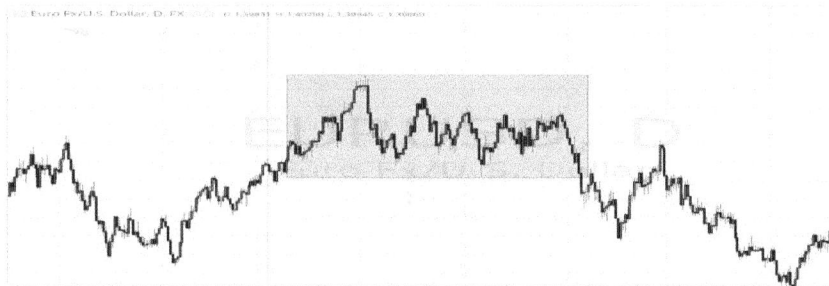

Le tecniche di trading fra le tre situazioni cambiano, ma la regola di base è la stessa: *non si fa trading contro trend*.

Riguardo l'individuazione di un trend, partiamo da una regola base: un trend ascendente è dato da un susseguirsi di *higher lows*, *higher highs* (minimi e massimi crescenti), mentre uno discendente da *lower lows* e *lower highs* consecutivi (minimi e massimi decrescenti).

213

È questo che ne determina la struttura, infatti se in un mercato in trend discendente osserviamo che al lower low (nuovo minimo) segue un higher high (viene rotto il precedente massimo) dobbiamo attivare il campanello d'allarme: è probabile che il trend abbia iniziato l'inversione o che siamo entrati in una fase di ranging market.

I cicli.

Il concetto di trend è assolutamente essenziale quando si fa l'analisi tecnica di un asset. Tutti gli strumenti che possiamo usare (livelli di supporto e resistenze, medie, trendline ecc.) hanno un solo scopo: quello di aiutarci a stimare la tendenza, per capire in che direzione il titolo si sta muovendo.

Quando seguiamo un mercato o un singolo titolo, occorre tenere presente che in ogni momento ci sono in atto tre forze o movimenti che agiscono contemporaneamente.

1) Il movimento o trend primario cioè la tendenza di base che può durare da alcuni mesi a molti anni.

2) I movimenti o trend secondari la cui durata varia da qualche settimana ad alcuni mesi.

3) I trend minori o di breve periodo che durano da poche ore a qualche giorno.

La figura sotto sintetizza quanto detto, senza dimenticare che in ogni momento un certo numero di tendenze è simultaneamente in atto ed esse esercitano forze diverse in momenti differenti.

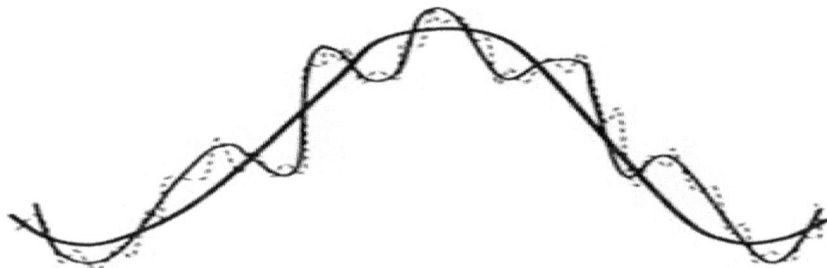

Il riconoscimento delle singole forze in atto in un determinato momento ci permette di cogliere le fasi cruciali del mercato: espansione, distribuzione, flessione e accumulazione.

Tuttavia, i cicli non sono avvenimenti rigidi che si ripetono sempre alla stessa maniera, infatti, se i loro ritmi fossero tanto semplici, chiunque imparerebbe presto a misurarne i tempi e saprebbe quando comprare e vendere.

Invece i cicli sono degli eventi flessibili, per cui le varie forze all'opera possono distorcerne la forma e/o allungarli o contrarli. Ciò comporta che ogni ciclo differisce dal precedente.

Aggiungiamo anche che, i cicli brevi di mercato riflettono il bilanciamento quotidiano di acquisti e vendite, mentre i cicli più lunghi riflettono un più lungo bilanciamento di forze e rispecchiano il trend intorno al quale i cicli di prezzo più brevi tendono a oscillare.

Nella figura sotto è rappresentato questo importante concetto.

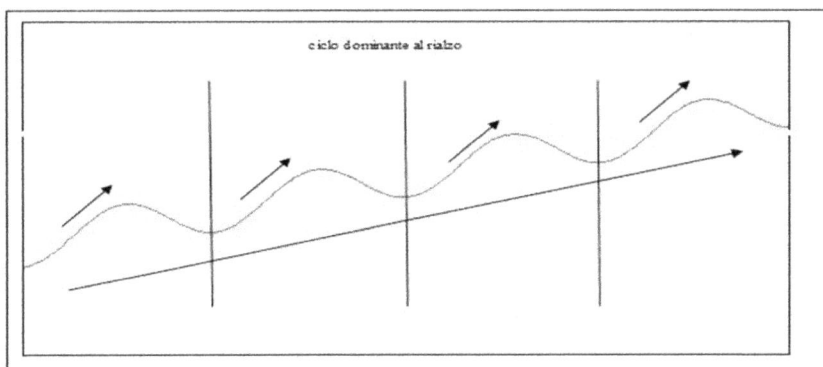

ciclo dominante al rialzo

Tutti i mercati sono ciclici, salgono, arrivano al picco, scendono e poi arrivano al minimo. Quando un ciclo è finito inizia il successivo. Il problema è che la maggior parte degli investitori e dei *traders* non riescono a riconoscere che i mercati sono ciclici oppure non hanno la pazienza di aspettare una posizione ciclica conveniente.

Ma, la comprensione dei cicli è essenziale se si vuole massimizzare il rendimento degli investimenti o del trading.

Adesso vediamo come poter individuare questi trend e il momento in cui la tendenza si inverte.

Il sistema più semplice anche se non perfetto è attraverso l'uso delle:

- linee di trend

- medie mobili

il cui concetto è stato illustrato nella precedente lezione.

Ad esempio, se vogliamo analizzare il ciclo breve del bitcoin che dura all'incirca 5-6 giorni, occorre impostare il grafico *time* a un'ora e dunque per un ciclo completo avremo circa 140 periodi di osservazione.

Successivamente, o tracciamo una linea di supporto che unisce tutti i minimi che naturalmente devono essere crescenti o inseriamo una media semplice (circa 60 periodi).

La rottura della linea di trend o della media mobile potrebbe essere un possibile segnale di inversione di trend, cioè il titolo, raggiunto il massimo, gira al ribasso per chiudere il ciclo.

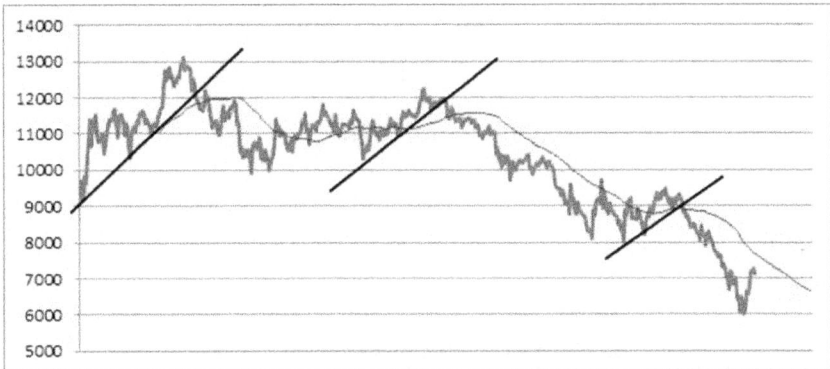

Da notare come, nel grafico sopra del bitcoin, sia le linee di supporto sia la media mobile ci segnalano, per ogni ciclo, la fine della fase di rialzo e l'inizio del ribasso.

Aggiungiamo un altro tassello fondamentale per individuare le tendenze: il volume. La regola principale è che il volume deve seguire la tendenza: aumentare nelle fasi di rialzo e diminuire nelle fasi di ribasso.

Se ciò non avviene, questo ci deve mettere in allarme perché potrebbe preludere a un cambio di direzione. I volumi sono la benzina del movimento, senza, difficilmente si può andare lontano.

Un mercato al rialzo con volumi in diminuzione ha poca vita. Analogamente un mercato al ribasso con volumi in aumento implica una forte pressione delle vendite.

Mentre volumi in diminuzione indicano un progressivo alleggerimento dell'offerta e un possibile cambio di direzione.

Imparando a considerare tutti gli aspetti e a essere flessibili, la teoria dei cicli, se usata congiuntamente ad alcuni indicatori, agli studi sul *sentiment* di mercato (psicologia dell'investitore) e ad altre forme di analisi tecnica, condurrà l'operatore a un livello di trading superiore.

Come leggere l'Order Book degli exchange.
Un Order Book o Libro degli Ordini, è un database di tutti gli ordini immessi per una determinata criptovaluta.

Per questa guida prenderemo come esempio quello di Coinbase Pro, l'exchange di Coinbase http://bit.ly/Coinbase-RallyForum.

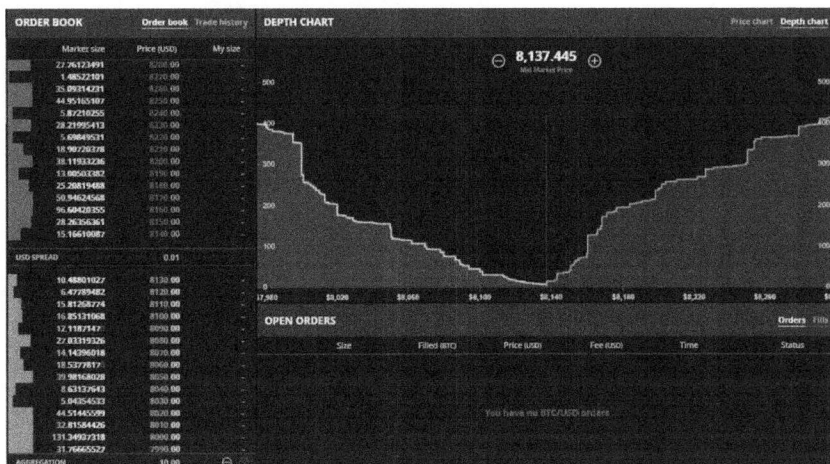

Nell'immagine qui sopra vediamo la situazione del bitcoin nel momento della scrittura dell'articolo.

Un Order Book con la relativa chart, dunque, non è altro che un grafico con un asse delle X dove troveremo i prezzi del bitcoin in dollari e un asse delle Y con il numero di ordini presenti.

Nel grafico, la parte rossa rappresenta la quantità di ordini di vendita immessi a un certo livello di prezzo, che vengono chiamati *Ask price*.

La parte verde del grafico indica la quantità di ordini di acquisto inseriti ad un determinato prezzo, chiamati Bid price.

Una prima macroanalisi consiste nello stabilire quale delle due parti sia più ampia, ossia occupa più spazio.

In generale, se vediamo che la parte verde (ordini di acquisto) è più ampia della parte rossa (ordini di vendita) sapremo che ci sono molti più ordini di acquisto e che quindi il prezzo ragionevolmente aumenterà nel breve termine.

Se invece la parte rossa occupa più spazio della parte verde possiamo dedurre che ci sono molti venditori e che quindi il prezzo del bitcoin in dollari scenderà nel breve periodo.

Vediamo insieme qual è la strategia migliore per analizzare un Order Book.

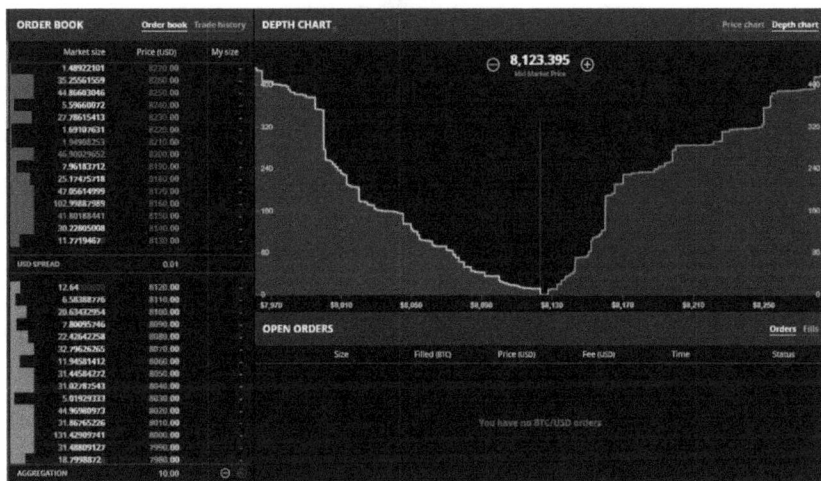

Ho riportato un'altra immagine del grafico e la prima osservazione che dobbiamo fare è che nel giro di qualche minuto è già cambiato.

Successivamente, il primo passo consiste nel verificare la situazione generale dell'Order Book. Generalmente troveremo tre situazioni:

- La prima, nell'immagine qui sopra, rappresenta una situazione di equilibrio tra offerta e domanda. In questo caso ragionevolmente il prezzo nel breve termine rimarrà all'interno di un *range* ben definito.

223

- La seconda, in cui il lato destro, ossia quello relativo agli ordini di vendita (in rosso), prevale in modo significativo rispetto al lato che rappresenta graficamente gli ordini di acquisto (in verde). Se questa è la situazione, nel breve termine aspettiamoci una forte resistenza, o addirittura un calo del prezzo del bitcoin.

- La terza, dove gli ordini di acquisto (in verde) prevalgono rispetto a quelli di vendita, e in questo caso ci aspettiamo un rialzo del prezzo del bitcoin nel breve termine.

Il secondo step è quello di confermare la visione dell'Order Book con il grafico a candele.

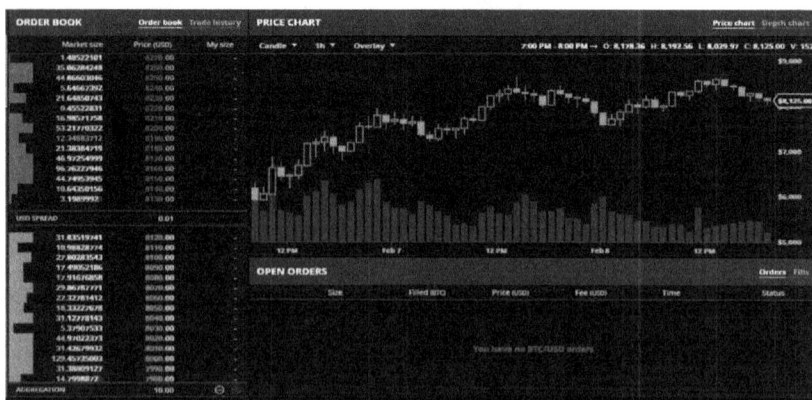

Questo grafico (timeframe a un'ora) conferma la valutazione effettuata dopo la prima analisi dell'Order Book nella foto precedente, infatti vediamo che nelle ultime 24 ore il bitcoin si è mosso all'interno di un *range* specifico.

Un altro elemento che deve attirare la nostra attenzione è quell'ordine d'acquisto da 129 bitcoin a 8.000 dollari. Ha due caratteristiche interessanti.

La prima è che si tratta di una cifra tonda. A livello grafico spesso su prezzi interi si formano dei veri e propri muri, poiché molti trader commettono l'errore di piazzare ordini appunto a cifre tonde, forse perché nessuno vuole comprare o vendere a 7.999 dollari.

E proprio questo generalmente determinerà una fortissima resistenza o supporto, a seconda se parliamo di ordini di vendita o di acquisto.

La seconda caratteristica è una diretta conseguenza di quanto appena detto, infatti quell'ordine costituisce un ottimo supporto. Con un ordine di acquisto così importante, difficilmente la quotazione andrà al di sotto di quella soglia se non in seguito a un *sell-off* importante.

Ora torniamo all'analisi del nostro grafico. Il bitcoin dunque prenderà altra forza o scenderà a ritestare qualche livello di supporto? Per quel che ne sappiamo, fino a che non ci sarà una rottura (in gergo *breakout*), la coppia Btc/Usd rimarrà in un determinato *range*.

Il terzo passo consiste nel verificare se ci sono eventuali news dirompenti relativamente all'asset che ci accingiamo a scambiare. Se ad esempio il presidente di una Banca Centrale parla del bitcoin, la vostra previsione deve essere necessariamente riconsiderata alla luce di questi nuovi elementi.

Supporti e resistenze.
Qui parliamo di due elementi essenziali dell'analisi tecnica ed è di fondamentale importanza saperli riconoscere e interpretare.

Supporto: è un livello o zona di prezzo dove la pressione in acquisto è così forte da contenere efficacemente i venditori, arrestando temporaneamente un down trend o invertendolo.

Normalmente, un mercato tende a evitare che il prezzo scenda al di sotto del livello di supporto, con acquirenti che intervengono per arginare il calo.

Resistenza: è l'opposto del supporto. È il livello dove un prezzo in fase espansiva trova resistenza al rialzo, dovuta alla concentrazione dell'offerta.

Ciò avviene perché i potenziali venditori, vista la crescita del prezzo, decidono che è un buon momento per vendere (presa di profitto) generando un aumento dell'offerta sul mercato, che alla fine bilancia la domanda creando un nuovo equilibrio.

A questo punto un numero crescente di venditori cercherà di sfruttare il mercato rialzista, creando una forza di vendita tale da spingere di nuovo i prezzi al ribasso. Per stimare la forza di un supporto o di una resistenza, dobbiamo considerare 3 parametri.

I volumi: maggiori sono gli scambi in una determinata area di prezzo e maggiore sarà la sua forza, perché molti *traders* stanno mostrando interesse su quel livello.

Il tempo: più un supporto o una resistenza è recente, più è considerato affidabile, poiché ragionevolmente ci saranno dei *traders* con delle posizioni ancora aperte su quel livello di prezzo.

La distanza dalla quotazione: più il prezzo si muove lontano da un livello di supporto o resistenza e più questo livello viene percepito come "forte" dal mercato, aumentandone la solidità.

Per determinare l'effettiva solidità di una zona di supporto o resistenza, dovremo effettuare un'accurata analisi del grafico. Infatti, più un livello viene toccato (in gergo testato) minore sarà la sua capacità di assorbire urti successivi, perché perderà una parte della sua forza. Inoltre, maggiore sarà il volume, maggiore sarà la perdita di forza.

Generalmente, dopo il terzo attacco il livello interessato perde la sua efficacia, un po' come una diga che lentamente cede sotto l'aumento della pressione dell'acqua.

A questo proposito voglio subito sfatare un mito. Spesso vediamo rappresentate le resistenze o i supporti con delle linee. Errore!
In realtà parliamo di vere e proprie "zone", e questo potete facilmente desumerlo attraverso l'osservazione dell'Order Book sul vostro exchange, dove compratori e venditori (o tori e orsi per dirla alla Wall street) raggiungono un punto di equilibrio.

Concetto fondamentale: Una volta che un supporto viene violato al ribasso, questo diventa una resistenza. Stesso discorso una resistenza, che dopo la rottura diventa un supporto.

In fase di analisi del grafico e di definizione della strategia di trading, è essenziale individuare queste tipologie di livelli di prezzo.

Vediamo alcuni esempi.

Iniziamo da sinistra. Ranging market: il prezzo oscilla tra Supporto1 e Resistenza1. Alla fine rompe R1 e incontra R2. Il prezzo riscende e incontra S2. Dopo vari test rompe S2 e incontra una nuova area. Nuova? Non proprio.

Infatti sembra proprio lo stesso livello di prima (R1) nel frattempo diventato supporto. Invero la quotazione arresta per qualche giorno la sua caduta proprio su quel livello, per poi violarlo al ribasso tramutandolo nuovamente in una resistenza.

Dopo un veloce test della nuova R3, il prezzo continua la sua discesa, tenta un ultimo colpo di coda per poi proseguire nel suo trend al ribasso.

In questo esempio si capisce benissimo quello che abbiamo detto in precedenza e cioè come il prezzo, dopo vari test, riesca a rompere un determinato livello.

Supporti e resistenze possono essere statici o dinamici. Gli statici generalmente sono delle linee orizzontali (che rappresentano i minimi e i massimi precedenti) o oblique (trendline), mentre i dinamici sono dati dalle medie mobili, che vedremo più avanti.

Dopo aver visto cosa sono e come individuare i livelli di supporto e resistenza sul grafico, adesso analizziamo come stabilire la validità della rottura di un livello di prezzo.

Una delle caratteristiche principali che ogni buon investitore deve avere è quella di essere in grado di valutare bene le rotture di un determinato livello grafico.

La corretta lettura di un break-out può permetterti di realizzare grandi operazioni, ma al contrario, affidarsi a un falso segnale, può compromettere il buon esito di un'operazione.

Ipotizziamo una situazione in cui abbiamo un chiaro trend al rialzo.

Prima di considerare valida la rottura della trend-line, dobbiamo accertarci che il livello sia stato superato per almeno il 2%. Più questa percentuale sarà ampia e più il segnale è affidabile, anche se perderemo una parte di rendimento potenziale.

232

A volte si è tentati di aprire una posizione appena un livello viene violato, ma questo ci espone al rischio di un falso segnale, per questa ragione è meglio attendere la conferma di un break-out di almeno il 2-3%.

Un altro aspetto da valutare attentamente è quello dei volumi, infatti, come abbiamo già accennato, la candela di break-out deve essere accompagnata da volumi molto elevati o in aumento.

Questa considerazione è valida soprattutto per le rotture delle resistenze, infatti un aumento considerevole dei volumi indica un'impennata degli acquisti, mentre nelle rotture al ribasso, quindi di supporti, questa regola può essere anche derogata.

Quando i volumi di un break-out sono bassi, verosimilmente possiamo aspettarci un *pull-back*, cioè un nuovo test del livello precedentemente violato.

Un'altra considerazione va fatta sul tempo trascorso dal superamento di un determinato livello: più tempo passa, più quella rottura assume un valore importante per il mercato e quindi gli operatori si convincono della bontà della rottura e continuano a operare in quella direzione, alimentando il circolo virtuoso.

Come tracciare una trend-line nel grafico.

Come abbiano visto in precedenza, un trend è una successione di massimi e minimi crescenti (trend al rialzo) o decrescenti (trend al ribasso).

Le trend-line dunque sono delle linee rette che uniscono graficamente i massimi o i minimi di un trend.

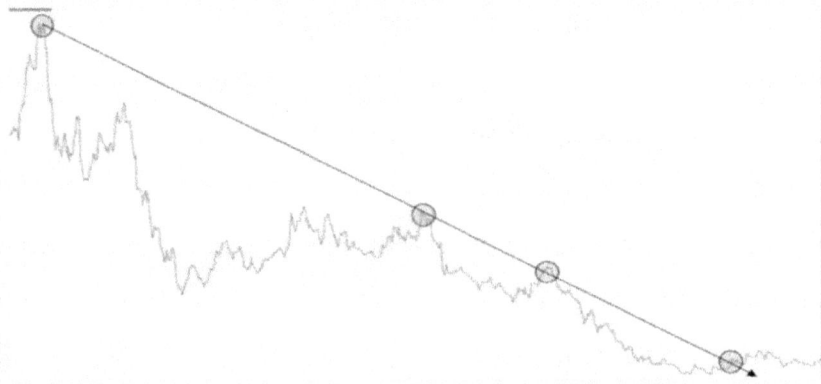

Una trend-line dunque ci restituisce graficamente la direzione e la pendenza del trend in un determinato arco temporale.

Una volta che un trend ha assunto una specifica pendenza e direzione è probabile che tenda a mantenerla, piuttosto che invertirla.

Inoltre le trend-line sono molto utili per individuare le eventuali fasi correttive, infatti la rottura di una trend-line è il primo segnale che il trend sta cambiando.

Così come per i livelli di supporto e resistenza (e le trend-line lo sono a tutti gli effetti) anche in questo caso sarà necessario valutarne la solidità: infatti più a lungo una trend-line resta inviolata e maggiore sarà la sua forza.

Anche in questo caso, massima attenzione ai falsi segnali: per avere la certezza di trovarci di fronte a un vero break-out, la trend-line deve essere violata per almeno il 2-3% e il movimento deve essere accompagnato da volumi di acquisto in aumento.

Il pull-back.
Introduciamo velocemente il concetto di pull-back. Supponiamo che durante un allenamento abbiamo appena terminato uno sprint

di 100 metri; è difficile continuare ancora a lungo, giusto? Avremo bisogno di recuperare, magari bere qualcosa per poi ripartire.

Ecco, è esattamente questo il concetto di pull-back, un movimento contro trend che serve al mercato per riacquistare forza.

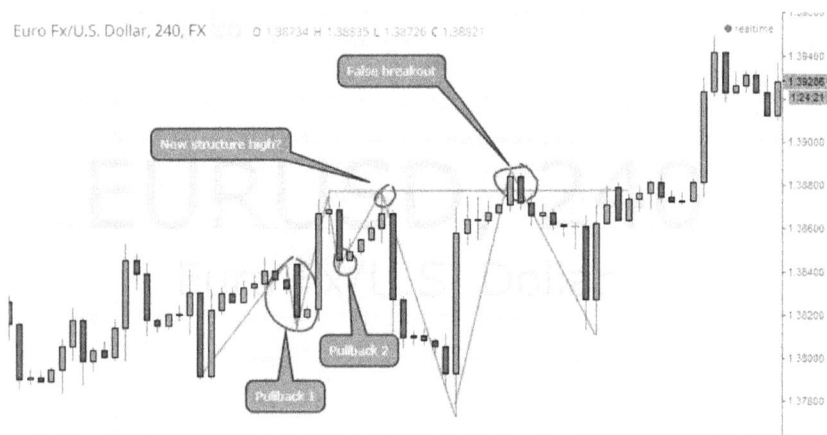

Nell'immagine ho inserito appositamente anche un esempio di falso break-out, come abbiamo visto nel paragrafo relativo ai livelli di supporto, resistenza e trend-line, così da iniziare ad abituarvi alla complessità dell'analisi dei grafici.

Le medie mobili.

Vedremo rapidamente cosa sono le medie mobili e quali sono le tipologie più usate. Ognuna ha infatti una sua precisa funzione e di conseguenza si deve conoscere con precisione la sua modalità di utilizzo.

La media mobile è uno strumento dell'analisi tecnica, che viene utilizzata dai *traders* per capire il movimento del mercato e ci restituisce visivamente la media di una serie di dati che si calcola sommando tutti i prezzi di chiusura di un determinato periodo, per poi dividere il risultato per il numero dei giorni.

Dunque ipotizzando di voler calcolare la media mobile a 100 periodi in un grafico giornaliero, si dovranno sommare i prezzi di chiusura delle ultime 100 candele (ogni candela rappresenta un giorno di scambi) e dividere il totale per i 100 giorni.

Le medie mobili hanno due funzioni differenti, che sono le seguenti:
- generare segnali operativi di acquisto o vendita;

- definire il trend che sta seguendo l'asset sul quale si vuole investire.

I segnali che indicano le medie mobili generalmente sono utili per individuare movimenti futuri, ma per aumentarne l'affidabilità si dovranno utilizzare in sinergia con altri strumenti dell'analisi tecnica.

Alcuni analisti utilizzano le medie mobili di lungo periodo, ad esempio quelle a 100 o 200 periodi, come linee di supporto e resistenza, altri due medie mobili di periodo differente (ad esempio una di breve termine a 5 giorni e una di lungo termine a 20 giorni) per individuare i momenti favorevoli in cui posizionare gli ordini.

Questa strategia individua segnali di vendita e di acquisto agli incroci dei grafici delle due medie: in particolare quando la media di breve termine passa al di sotto di quella a lungo termine si presume di assistere a una fase di ribasso e quindi viene generato un segnale di vendita.

Analogamente quando la media a breve termine passa al di sopra di quella a lungo termine si presume di assistere a una tendenza rialzista e quindi viene generato un segnale di acquisto.

Anche in questo caso, è importante la scelta del periodo, infatti lavorando su un arco temporale troppo breve la media mobile sarà molto sensibile alla variazione del prezzo (soprattutto su un asset come il bitcoin estremamente volatile) e sarà più facile trovarsi davanti a falsi segnali.

Nella foto vediamo un esempio di incrocio tra due medie mobili (linea verde media mobile giornaliera 50 periodi e linea rossa 200 periodi) sul grafico bitcoin dollaro.

La MA 50 a marzo 2018 ha tagliato al ribasso la MA 200 (*death cross*), anticipando il ribasso della moneta concretizzatosi nel secondo semestre del 2018.

Al contrario, ad aprile 2019 è tornata al di sopra della MA 200 (golden cross), segnalando l'inizio della *bull run* che ha portato il bitcoin dai 5.000 ai 14.000 dollari di fine giugno 2019.

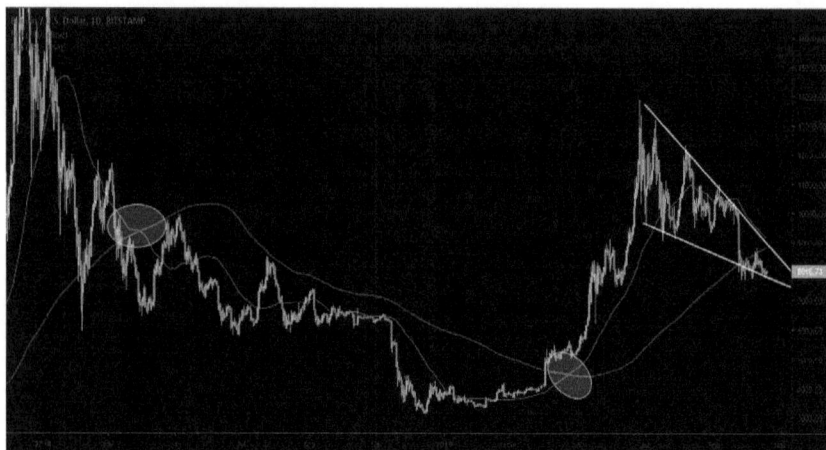

Considerazioni sull'analisi tecnica.

Questo capitolo non ha assolutamente la pretesa di fornire un quadro esaustivo di un tema così vasto e complesso come quello dell'analisi tecnica.

Il mio intento piuttosto è stato quello di fornirti una base di partenza per iniziare a curiosare tra i grafici e magari effettuare le prime compravendite di bitcoin e criptovalute.

Il tema dell'analisi tecnica è estremamente complesso e affascinante e se desideri approfondire i concetti appena illustrati ti consiglio la lettura della bibbia del settore: *Analisi tecnica dei mercati finanziari* di John J. Murphy.

Inoltre, come già accennato all'inizio del capitolo, puoi sfruttare i videocorsi e le lezioni approfondite di analisi tecnica del nostro Club, così da migliorare sensibilmente la tua abilità nel trading http://bit.ly/ClubBitcoin3X-omaggio.

Quale strategia d'investimento scegliere per il mercato delle criptovalute?

In realtà non esiste una risposta univoca a questa domanda: per individuare la tecnica più rispondente alle nostre esigenze, dovremo effettuare un'attenta analisi degli obiettivi e valutare tutta una serie di parametri che ci consentiranno di scegliere le strategie più adatte a noi.

Capacità e competenze nel settore, avversione al rischio e tempo a disposizione sono solo alcuni dei parametri che andranno valutati attentamente prima di decidere come operare.

Ogni strategia ha i suoi risvolti positivi e negativi. L'approccio ideale è senza dubbio quello di suddividere il capitale in più portafogli di investimento impostati sul lungo termine, sul trading e sul lending, in modo da ottimizzare i vantaggi e bilanciare gli svantaggi di ogni tecnica.

In questa sede scopriremo le caratteristiche principali di ognuna e come scegliere quella che più si adatta alle nostre caratteristiche.

Vediamo come strutturare il nostro portafoglio a medio-lungo termine, con tutti i vantaggi e svantaggi che questo comporta.

Lungo periodo: massimo rendimento, minimo stress.
Questa è decisamente la strategia più semplice da implementare, in quanto non richiede particolare esperienza nel trading, non assorbe molto tempo e, se ben strutturata, non ci espone al rischio di immobilizzare il capitale in sofferenza per un arco temporale eccessivo.

Per chiarire al meglio questi concetti utilizzerò un'immagine dove è rappresentata la psicologia dell'investitore durante le varie fasi della bolla di un asset.

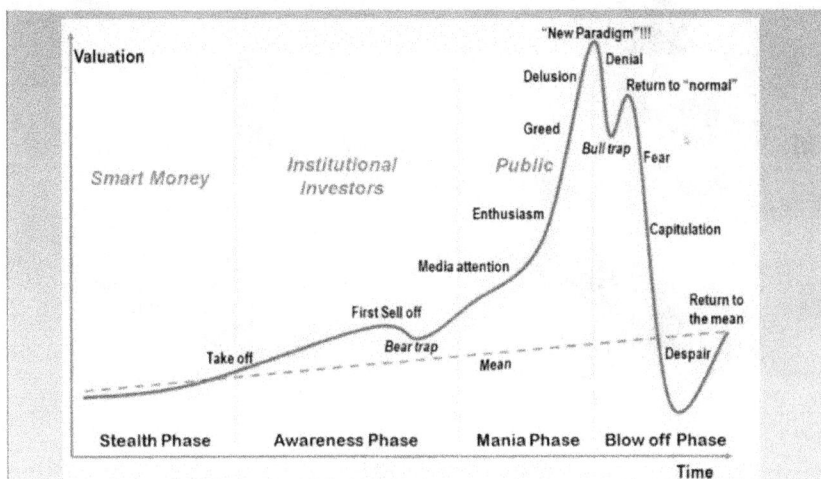

Oltre all'andamento della quotazione in rapporto al *sentiment* del mercato (linea rossa), nella foto sono evidenziate le fasi in cui le diverse tipologie di investitori prendono posizione.

In seguito vedremo come sfruttare a nostro vantaggio queste informazioni, ma adesso voglio farvi notare un interessante parallelo con il biennio 2017-2018.

Guardate attentamente questo grafico:

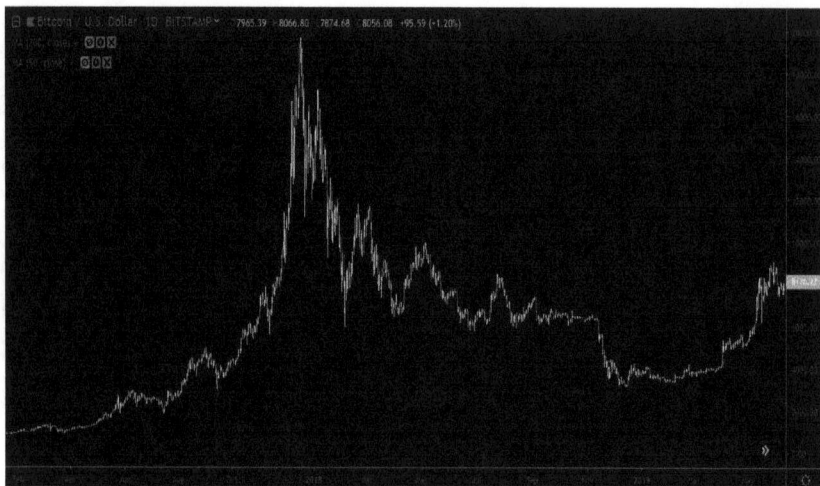

Al netto di qualche differenza significativa, è quasi interamente sovrapponibile con l'immagine precedente. Questo è il grafico giornaliero della coppia bitcoin/dollaro da aprile 2017 fino all'inizio della *bull run* della primavera 2019. Come è possibile una tale similitudine?

La risposta è più semplice di quanto si pensi: gli investitori sono prima di tutto delle persone con emozioni e sentimenti, che reagiscono agli stimoli esterni. L'analisi tecnica e i grafici ci restituiscono visivamente proprio "l'andamento" di queste emozioni, che nella maggior parte dei casi si replicano ciclicamente.

Ciò significa che una volta compreso come ogni asset attraversa ciclicamente sempre le stesse fasi, sarà semplice individuare il timing giusto per investire.

Tornando alla fine del 2017, un investitore con un buon livello di esperienza sapeva bene che sarebbe stato un errore strategico acquistare il bitcoin durante la salita esponenziale di quelle settimane, dove tra l'altro ha raggiunto il suo massimo storico.

In questi casi, il momento corretto per aprire una posizione di lungo periodo è sicuramente prima o dopo la fase di bolla indotta dalla paura del grande pubblico di perdere l'opportunità, dinamica conosciuta come *Fear of missing out*.

La Fomo infatti sarà l'elemento principale che contribuirà a innescare una vera e propria "corsa all'oro", tale da alimentare una *bull run* esponenziale dell'asset interessato. Esattamente quello che è accaduto tra novembre 2017 e gennaio 2018 o, più recentemente, tra aprile e giugno 2019.

In questa fase, chiamata di distribuzione, gli investitori consapevoli (nell'immagine vengono definiti smart money) e gli operatori istituzionali andranno a rivendere agli ultimi arrivati (il grande pubblico) quanto acquistato in precedenza, prima della fase pubblica.

Quando i mass media e la stampa mainstream iniziano a raccontare compulsivamente le gesta di un nuovo prodigioso asset che promette guadagni mirabolanti, contribuendo a esasperare la fase di bolla, i grandi fondi d'investimento sanno bene che è giunto il momento di premere il tasto "Sell".

Se torniamo con la mente a dicembre 2017, ricorderemo tutti come in quei giorni il bitcoin fosse il *trend topic* praticamente ovunque, dai tg ai social network, e persino nei bar sotto casa.

La preparazione tecnica e una corretta analisi del mercato ci consentono dunque di individuare il momento esatto in cui la nostra operazione avrà il miglior rapporto fra rischio e rendimento, che come abbiamo visto è quello precedente o successivo alla bolla.

Una doverosa precisazione: spesso ci si riferisce al termine bolla con un'accezione totalmente negativa, ma in realtà abbiamo visto come tutti gli asset abbiano un andamento ciclico ricorrente, che culmina con una fase di bolla.

Questo però non significa che lo "scoppio" della bolla determini la fine dell'asset. Guardate Amazon ad esempio:

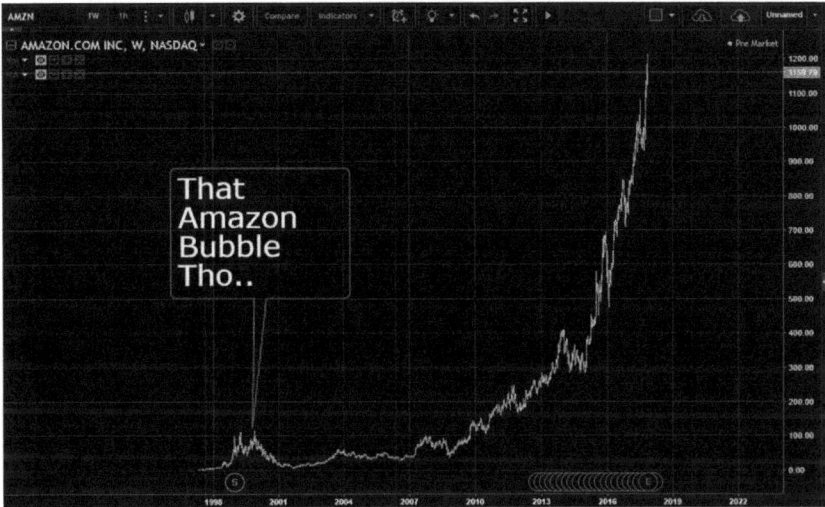

La freccia indica esattamente il 2000, quando a causa dello scoppio della bolla dei titoli dot-com Amazon subì un crollo di oltre il 90%. Ma come si evince chiaramente dall'immagine, questo non significa che Amazon sia stato un pessimo investimento, anzi.

Svantaggi del lungo termine: non sfruttare a proprio vantaggio la volatilità del mercato.
La strategia *long term* a mio avviso è quella che presenta meno controindicazioni.

Come ho accennato all'inizio, questo approccio ci consente di preservare il tempo libero e di sostenere un profilo di rischio tutto sommato basso, oltre che di salvaguardare il capitale che non sarà immobilizzato in sofferenza, a patto di indovinare il timing corretto.

L'unico svantaggio significativo è senza dubbio il mancato sfruttamento delle opportunità che un mercato estremamente volatile, come quello crypto, concede all'investitore abile.

All'interno di un trend primario al rialzo possono esserci infatti svariati trend secondari e di breve periodo al ribasso, che faranno la felicità di un trader esperto.

Grazie al margin trading, si potrà guadagnare dai rialzi quanto dai ribassi di una criptovaluta. Ma per operare in tal senso occorre una preparazione di prim'ordine e tanti anni di pratica, dunque questa tipologia d'operatività non è per tutti.

Tuttavia, quello che apparentemente è il limite di un approccio di lungo periodo può trasformarsi in un punto di forza per alcuni investitori: chi ha poco tempo a disposizione, un'elevata avversione al rischio o una scarsa abilità nel trading, disporrà comunque di uno strumento potentissimo per entrare nel mercato delle valute digitali.

Dove custodire le nostre criptovalute.
Dopo aver stabilito quale sia la corretta gestione di un investimento con un'ottica da cassettista, dobbiamo affrontare la questione della custodia.

A mio avviso qui ci sono due strade obbligate, in base al nostro grado di expertise informatica e al tempo a disposizione.

Abbiamo una buona competenza tecnologica e il tempo per migliorare le nostre abilità tecniche? Allora la soluzione ideale è senza dubbio quella di un *cold storage* che consentirà l'archiviazione offline delle nostre criptovalute.

Sul mercato si trovano ottimi dispositivi, come Ledger o Trezor. Unica accortezza: assicuratevi di acquistare la chiavetta dal sito della casa madre ed evitate di rivolgervi a terze parti, per evidenti ragioni di sicurezza.

Una volta depositate le monete al suo interno, si dovrà scegliere un posto sicuro dove custodire il dispositivo: se non si dispone di una cassaforte, l'ideale è affittare una cassetta di sicurezza.

Nel caso non si disponga di particolari competenze nel campo informatico e si abbia poco tempo da dedicare allo studio e all'approfondimento?

Allora potremmo ricorrere a un desktop o a un paper wallet, ma anche qui sono necessarie delle buone basi informatiche. Soprattutto i paper wallet sono particolarmente indicati per la conservazione a lungo termine, grazie a un adeguato profilo di sicurezza e al fatto che sono scollegati dalla rete. Presentano tuttavia un elevato rischio di furto o smarrimento.

Un'interessante soluzione in tal senso viene da alcuni wallet online gestiti dalle piattaforme di scambio più conosciute e affidabili del mercato, che offrono un servizio gratuito di cassaforte.

In questo modo le monete saranno conservate offline in server sicuri gestiti dalla società che eroga il servizio, e per sbloccare i fondi sarà necessaria una doppia autenticazione e vari giorni di preavviso. Inoltre le monete saranno assicurate. Massima sicurezza al minimo sforzo.

Qualora si opti per questo genere di servizi, è però bene sapere che non disporremo delle chiavi private delle nostre criptovalute.
Le private key saranno infatti detenute dalla piattaforma: tecnicamente non saremo pertanto gli effettivi proprietari, o meglio

"gli unici" proprietari, delle monete, anche se queste saranno sempre a nostra completa disposizione nei relativi account.

Qualora decidessi di optare per questa soluzione, uno dei migliori wallet online che offre il servizio di cold storage è Coinbase:

https://coinbase-consumer.sjv.io/bitcoinfacile

Anche in questo caso la scelta dovrà essere ponderata in base alle esigenze e ai compromessi che siamo disposti ad accettare.

Trading – massimizzare i profitti.

Il trading è la tipologia d'investimento forse più diffusa nel settore delle valute digitali.

Con il trading non facciamo altro che guadagnare grazie alla volatilità delle varie criptovalute, comprando quando riteniamo che il prezzo abbia un margine di salita e vendendo nel momento in cui il nostro obiettivo di guadagno è raggiunto.

Detta così sembra un'operazione estremamente semplice, ma ti assicuro che al contrario è tra le cose più complesse e insidiose da fare, poiché vi sono tantissime variabili da considerare.

Nel corso del capitolo cercheremo di individuare gli aspetti principali, così avrai le basi per iniziare i tuoi test (se non hai mai fatto trading, è importante effettuare un adeguato periodo di test preliminari).

Nel mercato crypto si possono effettuare due tipologie di scambio: fiat to crypto, dove scambierai le tue valute tradizionali con le criptovalute e viceversa, e crypto to crypto dove lo scambio avverrà tra due criptovalute.

La scelta del cross su cui operare va effettuata in base alle nostre esigenze. Se l'obiettivo principale della nostra attività di trading è quello di aumentare la consistenza del nostro capitale in valuta fiat (euro), allora la scelta ricadrà sulle coppie crypto/fiat. Al contrario, se lo scopo è quello di accumulare bitcoin con il trading, la scelta ricadrà sui cross crypto/crypto.

Diversamente dal lungo termine, nel trading l'analisi tecnica gioca un ruolo determinante. Con questo non voglio dire che l'analisi fondamentale non sia importante, ma tra le due l'arma più potente in nostro possesso è certamente l'analisi tecnica.

Infatti nel trading l'arco temporale in cui collocare il nostro investimento si riduce sensibilmente e può andare da poche ore nel caso di operatività *intraday* a qualche settimana con un approccio di medio periodo.

L'analisi tecnica dunque ci aiuterà a scegliere correttamente le "stazioni di salita e discesa" in modo da percorrere più strada possibile "sul treno del trend".

Cerchiamo di contestualizzare quanto appena detto con un esempio pratico. Una delle strategie di trading più comuni e con un rapporto rischio rendimento molto favorevole è sicuramente quella del *buy the dip*, che consiste nell'acquistare una moneta dopo un periodo caratterizzato da un pesante calo della quotazione, magari amplificato da un sell-off.

Nell'esempio che segue (una delle operazioni più profittevoli che abbia mai realizzato, di cui ho ancora un ricordo nitido) abbiamo il grafico giornaliero di Ethereum.

Torniamo a inizio novembre 2018 dopo un'estate e un autunno difficili, caratterizzati da un calo di oltre il 50% che aveva spinto la quotazione in zona 200 dollari.

A peggiorare il quadro il 15 novembre 2018, durante un calo molto pesante di tutto il comparto cripto, ethereum ha iniziato una "discesa all'inferno" che l'ha portata a toccare gli 80 dollari dopo circa un mese.

Questa situazione fu determinata dalle vendite massicce a opera delle startup che nel corso dell'anno avevano raccolto i propri fondi sottoforma di ethereum con le rispettive *Initial Coin Offering* (Ico) e che, spaventate dal ribasso improvviso del mercato, avevano deciso di monetizzare.

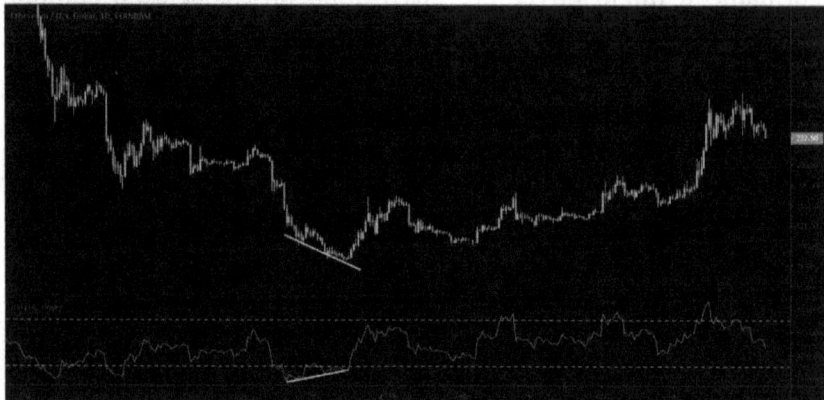

Dallo studio del grafico (analisi tecnica) e dalle informazioni in nostro possesso in merito al sell-off delle startup del settore (analisi fondamentale), era facile intuire come il calo della quotazione fosse andato ben al di sotto dei livelli fisiologici del mercato, esasperando quello che era sì un trend di medio periodo al ribasso, ma non tale da giustificare un simile crollo.

Ragionevolmente, dopo il primo segnale d'inversione tra il 17 e il 19 dicembre, che ha visto la moneta rompere al rialzo i 100 dollari (importante soglia di resistenza psicologica) e la conferma del nuovo supporto dopo il pullback, eravamo nella posizione ideale per operare con la nostra strategia buy the dip, anche nella considerazione che il *Relative Strenght Index* (Rsi) ci segnalava l'uscita decisa dalla zona di oversold con un'interessante divergenza rialzista (l'Rsi è l'indicatore nella parte bassa del grafico).

Il risultato di questa operazione, basata esclusivamente su un'attenta e scrupolosa analisi del grafico e sulle informazioni in nostro possesso, ha consentito di realizzare un profitto di quasi il 100%, sostanzialmente raddoppiando il capitale investito.

Nell'esempio abbiamo visto come scegliere la nostra "stazione d'ingresso". Ma come decidere qual è il momento giusto per chiudere la nostra posizione? Non esiste una risposta univoca, molto dipende dalle attitudini del trader.

Una buona soluzione in questo caso sarebbe stata l'utilizzo del *trailing stop* (1) oppure la chiusura di una parte della posizione al raggiungimento del nostro *target price*, lasciando correre il restante capitale, magari aumentando la prospettiva temporale dell'investimento.

(1) Un trailing stop è un tipo di ordine di chiusura in stop, che segue automaticamente i movimenti dei mercati. Quando si verifica un'inversione di tendenza nell'andamento di una posizione, inizialmente favorevole, un trailing stop può mettere al sicuro i profitti, chiudendo appunto la posizione.

Come vedi, siamo di fronte a una disciplina estremamente dinamica e particolare, caratterizzata da una notevole serie di variabili.

L'esempio ci ha mostrato solo una piccolissima parte di quello che può essere il trading, ma spero sia stato utile per inquadrare correttamente l'argomento.

In precedenza, però, abbiamo visto come guadagnare dal rialzo della quotazione, ma il bello del trading è che possiamo farlo anche dai ribassi, sfruttando a nostro vantaggio l'estrema volatilità del mercato delle criptovalute.

Infatti, attraverso il *margin trading* (o vendita allo scoperto), ormai presente in tutte le migliori piattaforme, possiamo scommettere contro una determinata moneta e guadagnare dalla discesa della quotazione.

In questo libro non entrerò nel merito del margin trading, in quanto parliamo della disciplina più insidiosa e ad alto rischio del trading, che richiede grande studio e competenza, dunque mi limiterò a informarti dell'esistenza di questa possibilità.

Se vuoi approfondire l'argomento, nel Club Bitcoin 3X troverai una serie di video tutorial che ti guideranno passo dopo passo alla scoperta di questo strumento http://bit.ly/ClubBitcoin3X-omaggio.

Per scegliere la piattaforma dove effettuare il trading di criptovalute, dovrai valutare tutta una serie di parametri e di seguito ti elenco le caratteristiche principali da ricercare nella scelta del tuo exchange.

Intanto evita come la peste i broker che offrono il trading di Cfd (Contract for difference) dove in realtà non scambierai criptovalute ma dei contratti derivati (Cfd appunto) soggetti a commissioni molto salate, ma rivolgiti agli exchange di criptovalute puri.

Le caratteristiche principali da ricercare sono: la sicurezza (visto che vi dovrai depositare una parte del tuo capitale è meglio rivolgersi a una piattaforma solida e sicura), il volume di scambio (la liquidità di un exchange è un importante segnale della sua efficienza), un'interfaccia grafica *user friendly* e che fornisca strumenti avanzati per un'esperienza di trading completa.

Chiaramente ho una mia classifica personale dei migliori exchange di criptovalute e sono felice di condividerla con voi.

Coinbase.
Senza dubbio il numero 1 dal punto di vista della sicurezza, l'exchange Coinbase pro offre ottimi volumi di scambio giornalieri e una selezione delle principali criptovalute.

L'interfaccia è semplice e intuitiva, anche se non consente l'inserimento di ordini avanzati, dunque è l'ideale per un neofita o un trader agli inizi, meno per un professionista.

Segui il link per aprire gratuitamente il tuo account:
https://coinbase-consumer.sjv.io/bitcoinfacile.

Bitfinex.
Si tratta dell'exchange che offre l'esperienza di trading più completa, dove è possibile inserire tutte le tipologie di ordini più avanzati, operare con il margin trading. La liquidità è ottima ed è possibile scambiare un paniere di criptovalute più ampio rispetto a Coinbase pro.

Dal punto di vista della sicurezza Bitfinex è una garanzia e anche quando nel 2016 è rimasto vittima di un attacco informatico ha meritoriamente rimborsato tutti gli utenti coinvolti nell'incidente (e in un mercato non regolamentato questo non è affatto scontato, infatti nel corso degli anni abbiamo avuto numerosi esempi di exchange che sono falliti dopo un attacco hacker, non essendo stati in grado di rimborsare i propri utenti).

Segui il link per aprire gratuitamente il tuo account:
http://bit.ly/Bitfinex-bitcoinfacile

Binance.

È sicuramente l'exchange più famoso e rappresentativo dell'intero comparto, grazie soprattutto alla dinamicità e intraprendenza del suo Ceo Chanpeng Zhao. Ottimi volumi di scambio giornalieri e un paniere di criptovalute completissimo (se cercate una criptovaluta di nicchia, molto probabilmente la troverete qui).

Buona interfaccia grafica e un'app che ne consente l'utilizzo ovunque (anche se dal punto di vista della sicurezza, come spiegherò nel capitolo relativo alla sicurezza informatica, sconsiglio l'utilizzo di applicazioni per il trading a meno di esigenze particolari).

Negli ultimi due anni Binance è stato il target preferito degli hacker, grazie al suo successo e al fatto che molti utenti non hanno una preparazione adeguata dal punto di vista della sicurezza informatica (due degli hacking più famosi che hanno colpito Binance in realtà sono stati realizzati dopo aver sottratto le credenziali di accesso dei singoli utenti con apposite campagne di phishing, dunque non sono imputabili a una scarsa architettura di difesa informatica della piattaforma).

Nel corso del 2019 Binance ha implementato strumenti quali margin trading sulle principali criptovalute e futures sul bitcoin, confermandosi tra le piattaforme più dinamiche e brillanti.

Segui il link per aprire gratuitamente il tuo account: http://bit.ly/rallyclub-binance.

Qualunque sia il tuo approccio al trading, devi stamparti nella mente le due regole auree del trader: mai improvvisare e investi solo quello che puoi permetterti di perdere. Dovrai curare in modo maniacale la formazione e lo studio, così da ridurre al minimo il rischio di perdite, e dovrai utilizzare esclusivamente del capitale che non ti occorre per vivere. Troppo spesso ho visto gente rovinarsi per una pessima gestione del proprio denaro.

Lending.
Il lending è la strategia d'investimento più sottovalutata ma che allo stato attuale offre il miglior rapporto rischio-rendimento. Infatti, a fronte di un rischio quasi nullo, le percentuali di guadagno sono davvero interessanti.

L'unico reale pericolo che corre l'utente, in realtà, è che la piattaforma dove si decide di effettuare il lending chiuda per insolvenza, ma sarà sufficiente rivolgersi a società che operano sotto l'egida delle autorità di controllo (in Italia la Consob) o a exchange molto liquidi e importanti, per minimizzare il rischio a un livello accettabile (negli investimenti il rischio zero non esiste, a meno di non vincolare il proprio capitale negli strumenti regolamentati ridicoli che ci offrono i vari istituti di credito, per un misero 0.8% annuo).

Dunque questa strategia è perfetta per chi ha un'elevata avversione al rischio e si "accontenta" di percentuali annue a due cifre. Le virgolette sono d'obbligo, perché nei mercati finanziari tradizionali queste percentuali sono considerate ottime, mentre in un mercato dinamico e altamente volatile come quello crypto sono dei profitti, per così dire, "nella media".

Andiamo a vedere in cosa consiste il lending. Nel capitolo sul trading abbiamo parlato del *margin trading*, grazie al quale i trader possono operare in *long* o *short* anche senza disporre degli asset su cui investono, ed è qui che subentra il lending o *funding*.

Infatti i *margin traders* prenderanno in prestito moneta fiat come euro o dollari per aprire posizioni long o direttamente criptovalute per aprire posizioni short (sostanzialmente vendendole allo scoperto) dagli altri utenti che mettono a disposizione i propri fondi, ovviamente dietro compenso.

In sostanza chi deposita il proprio capitale in lending, mette i fondi a disposizione degli altri investitori ricavandone una percentuale di profitto giornaliera.

Il prestito ovviamente è garantito dalla piattaforma che eroga il servizio e il debitore dovrà depositare nel proprio margin wallet una somma a garanzia del prestito e, nel momento che questi fondi non dovessero più essere sufficienti a coprire il dovuto, la piattaforma stessa provvederà a liquidare la posizione del trader (con la famigerata *margin call*) e a restituire i fondi al legittimo proprietario.

Il prezzo di liquidazione rappresenta il punto oltre il quale il debitore non è più in grado di restituire il prestito.

Facciamo un esempio per comprendere bene queste dinamiche. Ipotizziamo di essere un margin trader con 40 dollari nel nostro margin wallet e decidiamo di vendere allo scoperto 20 unità della criptovaluta Etc (Ethereum Classic) a un prezzo di apertura di 4 dollari, nella convinzione che il prezzo scenderà.

Valore totale della posizione 80 dollari (20x4). Nel momento in cui l'operazione viene eseguita, prenderemo in prestito 20 Etc da un altro utente che ha le sue monete in lending, pagando un interesse giornaliero sul prestito.

Il prezzo di Etc ovviamente inizierà a oscillare e il quantitativo di moneta che si potrà ricomprare (*buy back*) per chiudere la posizione short varierà al variare del prezzo.

Ipotizziamo che il prezzo scenda a 3 dollari, quindi nella direzione auspicata. Nel momento in cui andremo a chiudere la nostra posizione short, ricompreremo i 20 Etc a 60 dollari (20x3) e terremo per noi la differenza.

Dunque al termine dell'operazione le monete saranno restituite automaticamente dal sistema al legittimo proprietario (con gli interessi maturati) e adesso nel nostro margin wallet ci saranno 60 dollari, 40 già presenti e 20 guadagnati.

Ora ipotizziamo che il prezzo salga invece di scendere e arrivi a 5 dollari, che è esattamente dove abbiamo piazzato lo stop loss.

Per ricomprare i 20 Etc e chiudere la nostra posizione occorreranno 100 dollari (20x5), ma abbiamo visto che il totale della nostra posizione è di 80 dollari. Da dove arrivano gli altri 20? Dal margin wallet.

Così al momento della chiusura della posizione perderemo 20 dollari. E adesso vediamo l'incubo di tutti i trader: la liquidazione forzata o la *margin call*.

Immaginiamo di essere stati imprudenti non impostando lo stop loss e che il prezzo continui a salire. Qual è il prezzo che ci farà perdere tutto il saldo nel margin wallet e causerà la liquidazione forzata? Ovviamente 6 dollari.

Infatti, per ricomprare 20 Etc adesso avremo bisogno di 120 dollari, che è esattamente la somma tra la nostra posizione (80 dollari) e il margin wallet (40 dollari) e se il prezzo dovesse salire ancora non saremmo più in grado di pagare il debito.

A questo punto la piattaforma procederà a liquidare automaticamente la nostra posizione, riacquistando i 20 Etc e restituendoli al legittimo proprietario.

Questo è il meccanismo con cui si tutelano gli utenti che hanno i propri fondi in lending. Dopo aver analizzato il funzionamento alla base del lending, scopriamo qual è il ritorno dell'investimento di un prestito.

Nella foto vediamo la situazione dei tassi d'interesse annualizzati sul mercato al momento della scrittura del libro, nella considerazione che il periodo minimo e massimo di un prestito possa variare a seconda della piattaforma su cui operiamo.

Token	Piattaforma	Tasso
0x	Bitfinex	11.72%
US-Dollar	Bitfinex	10.31%
Cosmos	Poloniex	10.13%
Euro	Nexo	8.00%
Paxos	Nexo	8.00%
USD Coin	Nexo	8.00%
Dai	Nexo	8.00%
TrueUSD	Nexo	8.00%
Tether	Nexo	8.00%
USD Coin	Poloniex	6.35%
Euro	Bitfinex	6.07%
Tether	Bitfinex	5.26%
Zcash	Bitfinex	4.97%

1-13 of 49

Interesse corrente (Annuale) · Favorites

Parliamo di percentuali di tutto rispetto e questo è il motivo principale per cui il lending è senza dubbio la forma d'investimento dal rapporto rischio-rendimento più favorevole al mondo.

Mi rendo conto che questi concetti siano difficili da masticare, soprattutto per un neofita, ma è essenziale comprenderne il funzionamento al fine di capire in cosa consiste il lending, che come abbiamo visto è parte integrante del margin trading.

Se sei interessato ad allocare una parte del tuo capitale nel lending, sto preparando un videocorso interamente dedicato a questa rivoluzionaria forma d'investimento; iscriviti alla mia newsletter per essere informato in esclusiva al momento del lancio: https://www.bitcoinfacile.org/blog/newsletter/.

Oltre alle difficoltà tecniche derivanti dalle necessarie competenze informatiche per operare al meglio, un altro aspetto da considerare è quello dell'affidabilità delle varie piattaforme del mercato e operare da autodidatta ti espone decisamente al rischio di commettere qualche errore.

Il corso è strutturato proprio per agevolare l'ingresso nel mercato attraverso una serie di videolezioni che ti guideranno per mano attraverso tutti gli step da compiere per arrivare a depositare i tuoi fondi e iniziare a guadagnare gli interessi sul prestito.

Uno dei metodi migliori per incrementare le nostre ricchezze è senza dubbio quello di far lavorare i soldi per noi e con il lending siamo a un livello successivo: i nostri soldi lavoreranno per noi comodamente depositati nel nostro conto, senza i rischi collegati a un investimento, con dei profitti che farebbero invidia ai migliori operatori dei mercati tradizionali.

Quale strategia d'investimento scegliere?
Come abbiamo già accennato all'inizio del capitolo, non esiste una risposta univoca e in fase di *due diligence* si dovranno valutare attentamente le esigenze, il carattere, l'avversione al rischio e il capitale a disposizione dell'investitore.

La soluzione ideale consiste nello strutturare più portafogli d'investimento su ognuna delle strategie elaborate in precedenza, che a mio avviso sono decisamente le più redditizie del settore, a patto di formarsi adeguatamente e di operare con consapevolezza.

Lo studio e le analisi preliminari da condurre dovranno essere approfonditi e scrupolosi ed è impossibile riassumere tutto nel paragrafo di un libro.

Qui voglio analizzare gli aspetti che ritengo essere più significativi.

Esigenze e caratteristiche dell'investitore.

Non tutti siamo fatti allo stesso modo. Ci sono le persone che gestiscono bene lo stress e la tensione, altre che ne restano schiacciate. C'è chi ha molto tempo a disposizione e chi è molto impegnato, chi ha capacità tecniche e informatiche di buon livello e chi non riesce a districarsi bene tra i vari grafici.

Queste sono tutte valutazioni che andranno fatte nella fase preliminare quando dovrai stabilire dove allocare il tuo capitale e un'analisi dettagliata e sincera della tua personalità e delle tue caratteristiche ti aiuterà a scegliere la strategia che più ti si addice.

Avversione al rischio.

Ognuno di noi ha un'idea differente del concetto di rischio. C'è chi è disposto a sostenere un livello di rischio elevato in base al principio maggior rischio maggior guadagno e chi ha come esigenza principale la protezione del capitale, dunque accetta l'idea di ridurre i profitti minimizzando i rischi.

Sarà importante essere onesti con sé stessi e selezionare le strategie d'investimento che meglio si adattano al nostro livello di avversione al rischio. Non esiste la tecnica migliore in assoluto, ma la migliore in relazione alle caratteristiche di un investitore.

Money management.
La gestione del capitale è un aspetto fondamentale negli investimenti, infatti un money management sbagliato può compromettere seriamente la resa delle operazioni.

Immaginiamo un'operazione in cui, magari presi dall'entusiasmo, investiamo il 30% dell'intero capitale e questa alla fine non va come ci aspettavamo. Avremo immobilizzato un terzo dell'intero capitale in *drawdown* e compromesso anche eventuali strategie future per abbassare il prezzo medio d'acquisto attraverso una mediazione al ribasso.

Per questo motivo è fondamentale utilizzare una rigida gestione del capitale a nostra disposizione attraverso l'utilizzo di un range che vada dal 3 a un massimo del 10% per singola operazione, in base al rapporto rischio-rendimento di quest'ultima e alla confidenza che abbiamo con il mercato. Queste sono le aree che dovrai valutare con attenzione nella fase di scelta della strategia operativa.

Facciamo un esempio. Ipotizziamo di avere un investitore che non tolleri bene lo stress e che abbia poco tempo a disposizione. A questo aggiungiamo scarse abilità nel trading e un'elevata avversione al rischio.

Con un simile profilo, le strategie da selezionare sono sicuramente un portafoglio di lungo periodo con un money management conservativo e uno per il lending, dedicando rispettivamente il 30 e il 70% del capitale ai due portafogli.

Fisiologicamente ognuno di noi ha una strategia che si adatta meglio alla propria persona, e questa andrà individuata in fase di *due diligence* grazie a un'attenta disamina delle caratteristiche dell'investitore in relazione alle singole strategie operative.

RIEPILOGO DEL CAPITOLO 4

- SEGRETO n. 1: l'analisi del mercato. Abbiamo esaminato gli strumenti principali di analisi tecnica che ci consentono di capire i movimenti del mercato delle valute digitali.

- SEGRETO n. 2: le strategie d'investimento. Come selezionare la strategia d'ingresso nel mercato in base alle caratteristiche dell'investitore.

- SEGRETO n. 3: investimento nel lungo termine. Le caratteristiche principali dell'approccio da cassettista, che ci permette di generare ottimi profitti in un'ottica di lungo periodo.

- SEGRETO n. 4: il trading. Come generare incredibili profitti grazie agli exchange del mercato, che ci consentono di guadagnare dai rialzi e dai ribassi delle criptovalute.

- SEGRETO n. 5: il lending. La strategia d'investimento più innovativa, che rispecchia esattamente il dinamismo del mercato delle criptovalute e offre rendite davvero interessanti senza "rischiare" il proprio capitale.

Capitolo 5:
Bitcoin e sicurezza informatica

La sicurezza di dispositivi e pc con cui si opera nelle varie piattaforme dovrebbe essere uno degli aspetti principali per un investitore, ma spesso in tale ambito riscontro pesanti lacune.

È bene sapere che i pirati informatici sono sempre in agguato e sottovalutare questo scenario può rivelarsi estremamente dannoso per le nostre finanze.

Il concetto che dobbiamo imprimerci nella testa è che i nostri dispositivi sono la porta di accesso sul mercato, dunque dobbiamo far di tutto per tutelare i nostri "strumenti di lavoro".

In questo capitolo analizzeremo i 10 pilastri di sicurezza informatica necessari a blindare i nostri portafogli crypto.

Tutto molto semplice e niente di iper-tecnico, ma solo dei passaggi che dovrai implementare per avere la massima efficienza e protezione dei tuoi dati e dei tuoi dispositivi.

Protocolli di sicurezza informatica.
Spesso si sente parlare della necessità di dotarsi di protocolli di sicurezza informatica quando si opera nel mercato delle criptovalute, ma non tutti hanno le necessarie competenze tecniche per implementare i passaggi necessari a mettere in protezione i fondi.

Ma il fatto di non possedere competenze adeguate, non ci esime dal cercare di colmare questa lacuna, che prima o poi può rivelarsi fatale.

In fase di *due diligence*, nel momento in cui si sceglie di investire nel settore delle criptovalute, è assolutamente necessario mettere in conto anche un minimo di formazione nel campo della sicurezza informatica di base.

Infatti, non parliamo di competenze tecniche di alto livello ma semplicemente di acquisire la capacità di dotarsi di piccole accortezze che, messe a sistema l'una con l'altra, fanno sì che i nostri conti siano protetti.

A questo punto andiamo ad analizzare quelli che ho definito i 10 pilastri di sicurezza informatica per blindare le nostre monete.

Antivirus e antimalware.
Potrà sembrare una banalità, ma incredibilmente molte persone sono convinte che i sistemi operativi dei propri dispositivi siano invulnerabili (questa è una caratteristica che riscontro spesso nei fan apple).

In realtà non esistono telefoni o pc invulnerabili, dunque è bene familiarizzare con questo concetto e agire di conseguenza.

In tale contesto, sarà necessario dotare i nostri apparati informatici di ottimi software antivirus e antimalware, infatti la continua esposizione a sorgenti di traffico multiple e a reti wi-fi non protette può comprometterne l'affidabilità.

Sul mercato si trovano ottimi software e in questo articolo che ho scritto sul mio blog troverai le indicazioni sul prodotto che al momento offre maggiori garanzie: https://www.bitcoinfacile.org/blog/sicurezza-informatica/come-sta-il-tuo-pc/.

Non mi stancherò mai di ripeterlo, i nostri dispositivi sono il mezzo che ci permette di operare sul mercato, pertanto è di fondamentale importanza avere un'impostazione mentale orientata alla cura maniacale degli stessi. Mai abbassare la guardia.

Computer e smartphone.
È importante dotarsi di un notebook nuovo e di ultima generazione, dove installare un sistema operativo che preferibilmente non sia Windows.

Nel pc si dovranno evitare software accessori rispetto all'attività cui la macchina è destinata, dunque installare esclusivamente software antivirus e antimalware, una Vpn e il browser per la navigazione (meglio evitare Chrome ed Explorer).

È preferibile che nel computer non sia presente un hard disk fisico, ma solo una flash memory.

In sostanza un pc che servirà esclusivamente a entrare in rete per scaricare le chiavi private o inserire le credenziali per operare nelle varie piattaforme. Limitare quando possibile l'uso di dispositivi mobili visti i bassi livelli di protezione.

Utilizzare una Vpn.

Grazie a una *Virtual private network* è possibile stabilire un tunnel virtuale, protetto e sicuro, attraverso cui far transitare tutti i dati durante la navigazione online, evitando la sottrazione di dati sensibili ed eludendo il monitoraggio da parte di terzi.

Sul mercato sono presenti ottimi software Vpn che con pochi euro al mese offrono un servizio eccellente (evitiamo quando possibile i software gratuiti).

Chiavi private e paper wallet.

Quando scarichiamo le chiavi private dopo aver aperto un account su una determinata blockchain, è importante stampare il QR code e custodirlo come se fosse la chiave di una cassaforte fisica, evitando di archiviarlo elettronicamente. Questa procedura tornerà utile nel caso di smarrimento delle chiavi private del conto.

Non salvare le chiavi private sul proprio pc ma utilizzare delle pen drive nuove, meglio se con accesso crittografato.

Usare password estremamente complesse.
È importante utilizzare stringhe alfanumeriche lunghe (almeno 20 caratteri) con l'aggiunta di caratteri speciali. Anche le password, come le chiavi private, non dovranno essere archiviate elettronicamente nel pc ma è opportuno seguire le stesse procedure indicate nel punto precedente.

Autenticazione a 2 fattori (2FA).
Abilitare sempre la 2FA per l'accesso alle nostre piattaforme attraverso l'utilizzo di applicazioni che si possono installare comodamente nei vari dispositivi mobili (Google authenticator, Authy).

Per un ulteriore step di sicurezza, si può installare la versione desktop di queste app sul proprio notebook dedicato.

In caso di difficoltà nell'utilizzo di questi programmi, si potrà utilizzare l'autenticazione a due fattori tramite sms.

La 2FA è la prima barriera che ci consente di respingere un attacco informatico ai nostri danni e per questa ragione è considerata una misura di sicurezza essenziale.

Tutela dei dati personali.
Nell'epoca dei social network è di fondamentale importanza tutelare le nostre informazioni personali, diuturnamente esposte agli altri utenti.

Adesso non voglio soffermarmi sull'importanza della tutela dei nostri dati sensibili, ma mi limiterò a fornire alcuni consigli pratici utili a migliorare la sicurezza dei nostri portafogli crypto.

Come prima cosa, evitiamo la diffusione degli indirizzi pubblici associati ai nostri wallet, infatti tutti i conti all'interno della blockchain sono collegati tra loro, dunque consentono la tracciabilità delle transazioni.

Un malintenzionato con buone abilità nel settore informatico (*hacker*) sarà in grado di stabilire l'esatta dotazione patrimoniale di un determinato account e studiare le migliori strategie per aggredirlo, una volta venuto a conoscenza dell'identità dell'effettivo titolare dell'indirizzo (social engineering, phishing).

La cronaca recente riporta innumerevoli casistiche simili, che hanno comportato la sottrazione dell'intero capitale ai danni dell'incauto detentore.

In tale ambito, si dovrà prestare la massima attenzione a non diffondere l'indirizzo e-mail e il numero di telefono associato alle varie piattaforme del settore, come vedremo nel dettaglio nei prossimi punti.

Tutela della casella di posta elettronica.
Per preservare il nostro indirizzo di posta elettronica saranno sufficienti delle piccole accortezze.

Intanto andremo a creare un indirizzo mail dedicato alla nostra attività nel settore delle criptovalute e in fase di creazione delle credenziali di accesso imposteremo una password estremamente complessa, che andrà cambiata periodicamente.

Ovviamente non divulgheremo questo indirizzo, che sarà utilizzato esclusivamente per il login nelle varie piattaforme e per le eventuali comunicazioni con il supporto delle stesse.

Un altro passaggio fondamentale consiste nel verificare che il proprio indirizzo di posta non sia stato "bucato" durante un attacco informatico ai server di qualche compagnia a cui ci siamo appoggiati per usufruire dei rispettivi servizi.

Questa eventualità purtroppo è molto più probabile di quanto si possa immaginare. Infatti a gennaio 2019 Troy Hunt, uno studioso di sicurezza informatica, ha scoperto in un popolare forum di *hacker* nel dark web una vasta raccolta di elenchi di informazioni sensibili (combinazioni di indirizzi e-mail e password usati per dirottare account su altri servizi). I dati contenevano quasi 2,7

CRISTIAN PALUSCI – BITCOIN FACILE

miliardi di record, inclusi 773 milioni di indirizzi e-mail univoci molti dei quali con le relative password.

Questo è il bottino di un'incredibile violazione della sicurezza e della privacy, scoperta da Hunt e battezzata *Collection#1*, dal nome della cartella in cui erano archiviati i dati.

Hunt ha spiegato che la raccolta di e-mail e password (in tutto 87 Gb) è il frutto di numerose violazioni di dati avvenute nel corso degli anni. Lo stesso esperto ha raccontato che si è imbattuto nella *Collection#1* dopo aver ricevuto diverse segnalazioni, scoprendo che la violazione riguardava anche un indirizzo e-mail di sua proprietà utilizzato negli anni passati.

In questa pagina disponibile in rete haveibeenpwned.com è possibile verificare l'integrità del proprio indirizzo di posta elettronica e della relativa password.

Dunque sarà possibile verificare se si è stati vittime di uno degli episodi di hacking che ha portato alla collection#1 o di altri incidenti informatici che hanno compromesso le proprie credenziali di accesso.

Ti consiglio vivamente di effettuare la verifica: sarà sufficiente visitare la pagina indicata in precedenza, inserire nell'apposito spazio il tuo indirizzo di posta elettronica e in pochi secondi saprai se è sicuro (*not pwned*) o è stato compromesso (*pwned*).

Se la tua mail risulta compromessa, procedi immediatamente al reset della password e impostane una nuova con dei livelli di complessità adeguati.

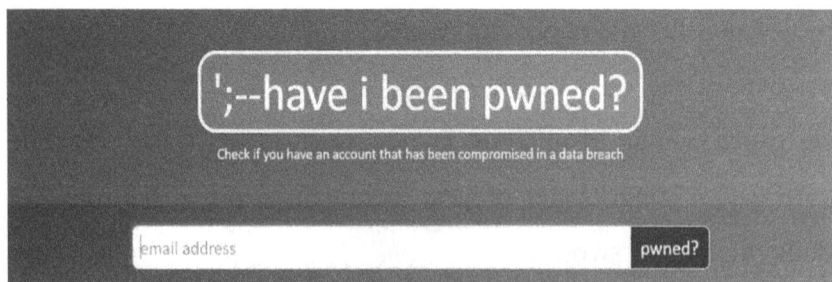

Una password sicura è prima di tutto una password complessa, dunque via le date di nascita, i nomi dei figli o dei cani. Inoltre è opportuno utilizzare caratteri alfanumerici, lettere maiuscole e anche simboli speciali (=, $, !, % ecc.). Ricorda di non usare mai la stessa password per più applicazioni o servizi.

Infine dovresti seriamente considerare l'abilitazione dell'autenticazione a due fattori anche per l'accesso alla casella di posta elettronica; in questo modo, anche se i criminali informatici entreranno in possesso delle tue credenziali di accesso, non saranno in grado di accedere ai tuoi account senza almeno un altro *device* o software di autenticazione, come ad esempio il tuo telefono mobile.

Sim Hijacking – Come blindare il numero di telefono.
Si tratta di una nuova metodologia di furto d'identità, infatti sim *hijacking* sta a indicare proprio il dirottamento della sim card associata al nostro numero di telefono.

In sostanza le vittime di tale attacco perderanno la disponibilità del numero con conseguenze devastanti sotto tutti i profili di sicurezza relativi ai conti correnti bancari, indirizzi di posta elettronica, profili social e tutte quelle piattaforme d'investimento collegate al numero di telefono.

A tal proposito è illuminante quanto accaduto negli Stati Uniti durante il meeting *Consensus* nel maggio 2018 (l'incontro annuale che ospita i migliori progetti e le personalità più importanti del mondo crypto) quando degli hacker si sono recati appunto al meeting, hanno avviato un'operazione di *social engineering* con i loro obiettivi acquisendo varie informazioni tra cui indirizzo di posta elettronica, numero di telefono e indirizzo pubblico dei rispettivi wallet.

Da lì hanno messo in piedi quella che è stata una truffa molto profittevole basata sul sim hijack, che ha portato alla sottrazione di un importo di criptovalute per un controvalore di diversi milioni di dollari (alla fine i soggetti sono stati arrestati, ma questo non è importante al fine di comprendere la pericolosità di tale dinamica).

Dunque, come si verifica un sim hijacking? L'hacker o chi per lui, una volta venuto a conoscenza del numero di telefono dell'obiettivo, inizierà a tempestare di telefonate il servizio clienti del gestore telefonico della vittima o a recarsi fisicamente nei punti vendita e, presentandosi come l'intestatario del numero di telefono, chiederà la sostituzione della sim in seguito a un furto o smarrimento.

Ovviamente in condizioni normali, l'operatore che riceve questa richiesta non dovrebbe avviare la procedura se non previa esibizione di documentazione personale o la proposizione di vari passaggi di sicurezza (in caso di conversazione telefonica) tra cui le risposte ad alcune domande segrete o inerenti dati personali.

Il problema è che non tutti gli operatori telefonici conoscono nel dettaglio il proprio lavoro, soprattutto se consideriamo che ormai il servizio di assistenza clienti viene esternalizzato a società di call center che a volte hanno sede all'estero.

Dunque sarà sufficiente perseverare nel tentativo fraudolento fino a trovare quell'operatore negligente che, magari messo sotto pressione da numerose richieste di aiuto, acconsentirà alla richiesta di emissione di una nuova sim.

Per riuscire nell'intento, il malintenzionato si presenterà come disperato in seguito al furto o allo smarrimento del telefono e del portafoglio (così da giustificare la mancata esibizione dei documenti) creando una connessione emotiva con l'operatore facendo leva sull'empatia.

A questo punto, trascorso il tempo tecnico per l'attivazione della nuova sim (da poche ore a qualche giorno, a seconda se la richiesta è stata inoltrata tramite assistenza clienti telefonica o in un punto vendita fisico) il malcapitato vedrà il suo telefono che semplicemente smetterà di funzionare, ma non per un problema di rete bensì perché la sim card all'interno del telefono è stata disattivata.

Il truffatore dunque è riuscito nell'intento di scippare il numero di telefono e, a questo punto, per lui/loro sarà un gioco da ragazzi disabilitare tutte le autenticazioni a due fattori attive, cambiare la password dell'indirizzo email e, in sostanza, compromettere tutti i settaggi di sicurezza relativi ai conti bancari, profili social, wallet e le piattaforme d'investimento (tutte informazioni reperite attraverso il social engineering). Scacco matto.

Un vero incubo! E non pensare che questa sia fantascienza, perché ti assicuro che è un fenomeno che sta raggiungendo dimensioni preoccupanti.

Fortunatamente la soluzione è facilmente risolvibile e richiede una semplice chiamata al servizio clienti del provider telefonico, a cui si richiederà l'attivazione di un Pin per la portabilità del numero, meglio conosciuto come *port validation passcode*.

Quindi fornirai un pin al tuo gestore telefonico che dovrà essere utilizzato ogni volta che si richiederà la portabilità del numero (per un semplice cambio gestore) o l'emissione di una nuova sim card e senza il quale l'operatore non sarà materialmente in grado di procedere all'emissione di una nuova scheda.

Settaggi di sicurezza delle piattaforme.
Questa è decisamente una delle armi più potenti che abbiamo a disposizione per proteggere gli account nelle varie piattaforme del settore, la linea *Gustav* a difesa delle nostre criptovalute.

Purtroppo la maggioranza degli utenti ignora questa possibilità ed è fondamentale non commettere l'errore di lasciare i settaggi di base nei nostri account.

A tal proposito ti illustrerò le impostazioni principali per blindare i wallet e gli exchange dove operi, in modo che se anche gli hacker dovessero riuscire ad accedere al tuo account, troveranno terra bruciata.

Per prima cosa si dovrà abilitare la *whitelist* con gli indirizzi autorizzati per il prelievo, in modo che qualsiasi tentativo di prelievo al di fuori degli indirizzi in lista sarà inibito per un periodo minimo di 48 ore (ci sono piattaforme che arrivano fino a 5 giorni) dunque si avrà tutto il tempo di intervenire nel caso di un prelievo fraudolento.

Scopriamo adesso le altre impostazioni di sicurezza avanzate:
- Crittografia e-mail con open Pgp: *Pretty good privacy* (Pgp) è un programma di crittografia che fornisce privacy crittografica e autenticazione per la comunicazione dei dati. Utilizza una variante del sistema a chiave pubblica.

- Autenticazione a 2 fattori: non mi dilungherò ulteriormente sulla spiegazione della 2FA, ma ribadisco che si tratta di una misura di sicurezza fondamentale.

- Keep Session Alive: spesso per comodità si effettua il login all'interno di una piattaforma e poi si resta inattivi per diverso tempo. Questo è un comportamento sbagliato ed è opportuno impostare l'account in modo che si disconnetta dopo un periodo di inattività (al massimo 30 minuti).

- Invia un'e-mail a ogni accesso: Ricevi un'e-mail ogni volta che qualcuno accede al tuo account. L'e-mail conterrà informazioni sull'Ip dell'utente autenticato e un link per bloccare il tuo account se sospetti attività illecite.

- Rileva la modifica dell'indirizzo Ip: se l'indirizzo Ip utilizzato per accedere al tuo account cambia durante una sessione, verrai immediatamente disconnesso. Questo impedisce il dirottamento della sessione.

- Whitelist di indirizzi Ip: limitare l'accesso all'account tramite indirizzo Ip. È possibile fornire uno o più indirizzi Ip e/o specificare un Ip range.

- Monitora i prelievi tramite Ip: Se viene richiesto un prelievo da un nuovo indirizzo Ip, riceverai un'e-mail che ti chiederà di controllare e verificare il prelievo. Il periodo di "non attendibilità" per le modifiche dell'Ip è di 24 ore. Se il prelievo viene effettuato più di 24 ore dopo la modifica dell'indirizzo Ip, questo controllo e-mail aggiuntivo non viene attivato.

- Blocca i prelievi per 24 ore quando viene utilizzato un nuovo indirizzo Ip: Quando viene utilizzato un nuovo indirizzo Ip per accedere al tuo account, tutti i prelievi verranno bloccati per 24 ore e riceverai una notifica via e-mail.

- Controllo prelievo personalizzato: aggiungi una frase segreta di conferma del prelievo. Questo è un altro passo per aiutarti a garantire che i dettagli del tuo prelievo non siano stati compromessi da malware nel tuo browser o da un attacco man-in-the-middle.

In questo capitolo ho cercato di elencare tutte le misure di sicurezza informatica che dovremo implementare per garantire il massimo livello di protezione ai nostri portafogli crypto, contro i tentativi di furto che si verificano all'ordine del giorno.

Adesso che conosci tutti questi elementi che ti aiuteranno in modo significativo a migliorare la sicurezza e a ridurre la tua vulnerabilità, anche in altri ambiti al di fuori delle valute digitali, chiediti e rispondi sinceramente: "quanti di questi punti ho già implementato nell'operatività quotidiana a tutela del mio patrimonio in criptovalute?".

Se la risposta è meno del 50%, allora dovrai seriamente considerare l'approfondimento di queste tematiche, magari anche rivolgendoti a un consulente di sicurezza informatica.

Per richiedere una consulenza personalizzata, puoi contattarmi all'indirizzo mail info@bitcoinfacile.org.

La protezione dagli attacchi informatici deve essere la priorità per un investitore in valute digitali ed è un aspetto decisamente da non sottovalutare, cosa che invece puntualmente riscontro nella mia esperienza diretta.

Nel settore informatico, dunque di riflesso in quello delle criptovalute, basta un attimo di distrazione per essere frodati. Non si deve mai abbassare la guardia.

RIEPILOGO DEL CAPITOLO 5

- SEGRETO n. 1: protezione da attacchi informatici. Abbiamo visto quanto è importante tutelare i propri dispositivi e account dalla moltitudine di minacce informatiche.

- SEGRETO n. 2: intervenire sulle vulnerabilità. Dobbiamo prendere coscienza della pericolosità di una sottovalutazione della minaccia informatica.

- SEGRETO n. 3: i 10 pilastri di sicurezza: tutte le misure da implementare per blindare i nostri conti, telefoni, mail, wallet e dispositivi.

Conclusione

Quando ho iniziato a redigere le mappe mentali del libro, l'obiettivo finale è stato sempre quello di scrivere una guida utile tanto a chi sta muovendo i primi passi nel mondo della blockchain e del bitcoin, quanto alle persone che coltivano già da tempo la passione per le valute digitali e la tecnologia blockchain.

Ho riversato nelle pagine del libro buona parte della mia conoscenza di questo fantastico mondo, nella convinzione che il primo passo per favorire l'adozione di massa delle criptovalute è proprio quello di coltivare la consapevolezza delle persone e, per questo motivo, ho cercato di inserire il discorso all'interno del contesto economico internazionale.

Non si può parlare di bitcoin senza comprendere a pieno il sistema finanziario che regola le nostre vite.

In tale contesto, ragionevolmente siamo di fronte a un cambio radicale nel rapporto e nell'equilibrio tra la domanda e l'offerta del bitcoin nel medio-lungo termine. Infatti, mentre l'halving di maggio 2020 ridurrà progressivamente l'offerta, la Cina ha ufficialmente reso la blockchain un pilastro strategico nazionale di fatto stimolando un notevole aumento della domanda che impatterà nell'ecosistema da qui ai prossimi anni.

Se a questo aggiungiamo la dinamica accennata in precedenza, che vede i cittadini dei paesi in crisi monetaria fare incetta di valute straniere più solide e asset anticiclici (come oro e bitcoin) per proteggere il valore dei propri risparmi dall'iperinflazione che continua a falcidiare le rispettive valute nazionali, lo scenario che abbiamo davanti è ancora più interessante.

Infatti, in base al principio di scarsità (scarcity index) di un determinato bene, l'aumento della domanda a fronte di una riduzione dell'offerta dà luogo inevitabilmente all'aumento del prezzo del bene stesso.

I prossimi mesi saranno davvero incandescenti.

In quest'ottica, continuerò ad aggiornare regolarmente il mio blog https://www.bitcoinfacile.org/blog/ dove nelle prossime settimane ho in programma la pubblicazione di una collana a base di articoli e video *Capire il bitcoin*.

Inoltre, dalla collaborazione con i più brillanti tecnici e analisti del settore, è nato il magazine bimestrale "Bitcoin Facile", la prima rivista di settore in Italia interamente dedicata al mondo della blockchain e delle valute digitali, che puoi scaricare a questo link https://www.bitcoinfacile.org/blog/report-2/

La nostra meravigliosa community su Facebook, che nel gruppo Bitcoin 3X conta oltre 12.500 iscritti, è la testimonianza diretta di come attraverso l'informazione sana e un duro lavoro di aggiornamento costante si possa stimolare nelle persone la curiosità e la sete di conoscenza, fondamentale per lo sviluppo del settore.

Infine, per chi vuole passare a un livello successivo e far proprie tutte le nozioni analizzate nel corso del libro, c'è il cuore pulsante della nostra community, il Circolo degli investitori riservato ai soci del Club Rally Trading, dove io e gli altri membri del team condividiamo tutte le informazioni, le analisi e le nostre operazioni sul mercato delle valute digitali, aiutando i soci a costruire delle solide basi attraverso la formazione e il perfezionamento delle competenze, che sono i veri asset in cui investire inizialmente, in modo che il mercato non abbia più segreti. Entra nel Club per un periodo di prova di 7 giorni sfruttando l'offerta riservata a chi ha acquistato il libro

http://bit.ly/ClubBitcoin3X-omaggio.

Adesso siamo arrivati alla fine del libro e sono davvero fiero di aver dato tutto me stesso nella scrittura di queste pagine che, come hai potuto constatare, sono dense di contenuti di valore.

Il mio regalo alla community italiana, tra le più attive e dinamiche.

Al tuo successo

Cristian Palusci

www.ingramcontent.com/pod-product-compliance
Lightning Source LLC
Chambersburg PA
CBHW071535200326
41519CB00021BB/6492